KB234002

가치를 알아야
경제가 보인다

경제멘토 **조윤정**의 **파워경제교육**

가치를 알아야
경제가 보인다

초판 1쇄 인쇄 | 2013년 01월 10일
초판 1쇄 발행 | 2013년 01월 17일

지은이 | 조윤정
펴낸이 | 원선화
펴낸곳 | 푸른영토

편집부 | 이세경, 마은지
디자인 | 김왕기

주소 | 경기도 고양시 일산동구 장항동 865 코오롱레이크폴리스1차 A동 908호
전화 | (대표)031-925-2327, 070-7477-0386~9 · 팩스 | 031-925-2328
등록번호 | 제2005-24호   등록년월일 | 2005. 4. 15
전자우편 | designkwk@me.com

ⓒ조윤정, 2013

ISBN 978-89-97348-14-5   13370

가치를 알아야 경제가 보인다

경제멘토 조윤정의 파워경제교육

Power Economic Education

● 조윤정 지음

푸른영토

경제교육에 가치를 담다, 파워경제교육

나에겐 꿈이 있다. '파워경제교육'을 만난 모든 아이들이 인생의 행복한 성공자로 살아갈 수 있게 하는 것이다. '파워경제교육 프로그램'을 직접 만들어 진행하면서 파워경제교육이 아이들을 행복한 성공자로 만들어주는 통로가 된다는 사실을 알게 되었다. 교육을 받기 전과 받은 후의 아이들의 변화를 바라보며 아이들이 행복한 성공자로 살아갈 수 있다면 난 기꺼이 이 즐겁고 보람된 일에 내 인생을 걸겠다고 다짐했다.

나는 경제관념의 이론적인 지식뿐만 아니라 증권회사 18년 경력을 통한 실전에서의 노하우를 갖고 있다. 그렇기 때문에 아이들이 우선순위를 두어야 할 경제관념이 무엇인지 명확하게 전달해줄 수 있다. 또 나는 평소 아이들을 사랑하는 마음으로 늘 '아이들과 함께 하는 일'에 대한 준비를 해왔다. 교회에서도 주일학교 교사를 10여 년 했고, 청소년학 석사과정도 마쳤다. 그 외에도 다년간의 준비과 정을 거쳐 지금의 파워경제교육 강사가 된 것이다.

나는 2007년도에 경제교육을 봉사활동으로 시작했는데, 그 경제교육에 대한 남다른 애착과 관심이 있었다. 그러나 경제교육을 진행할 때마다 무언가 2% 부족하다는 생각을 하게 되었다. 그것이 무엇일까 고민하던 차에 어느 날 나는 아이들에게 '돈의 기능'에 대한 수업을 하게 되었다. 돈으로 할 수 있는 일들에 대해 소개하면서 문득 돈으로 할 수 없는 것이 무엇인지 아이들에게 질문을 던졌다. 아이들은 처음에는 어려워했지만 돈으로 할 수 없는 일을 달리 말하면 '세상에서 가장 가치 있는 것'이라고 말해주었더니 쉽게 많은 대답을 쏟아냈다. 사랑, 가족, 생명, 자연, 그리고 꿈……. 그 순간 나는 그동안 부족하다고 생각했던 2%를 찾아냈다.

그렇게 해서 만들어진 것이 일반적인 경제관념과 함께 다섯 가지 가치를 담은 파워경제교육 프로그램이다. 다섯 가지 가치, V.A.L.U.E는 이러하다. 첫 번째 V는 Vision으로 꿈, 두 번째 A는

Alive로 살아 있음, 곧 생명, 세 번째 L은 Love로 사랑, 네 번째 U는 You로서 당신가족, 이웃, 다섯 번째 E는 Environment로 자연이다.

　일반적인 경제교육의 용돈 관리에서는 합리적인 소비를 가르친다. 하지만 파워경제교육의 용돈 관리에서는 '소비의 우선순위'를 먼저 가르친다. 어떤 소비를 하게 될 때 가장 먼저 부모님을 생각하게 하는 것이다. 그리고 친구들과 주변에 감사한 분들, 어려운 이웃을 돌아볼 수 있는 마음의 여유를 알려준다. 이렇듯 가치 있는 소비를 가르치면 합리적인 소비는 자연스럽게 따라온다. 어떠한 가치관을 갖고 돈을 사용하느냐는 매우 중요하다. 그것이 우리 삶의 가치를 바꿔놓기 때문이다. 그 과정에서 삶의 지혜도 얻게 된다.

　파워경제교육은 생명, 사람가족, 이웃, 환경의 가치를 알고 그것을 진정 사랑할 줄 아는 아이로 만드는 교육, 그리고 자신의 진정한 꿈과 만나게 해주는 교육이다. 다섯 가지 가치와 함께 일반적인 경제관념을 배워나간다면 무분별한 세상 속에서 방향을 잃지 않고 중심을 잡을 수 있게 된다. 돈으로 살 수 없는 생명, 자연, 사람의 진정한 가치를 알고 그것을 사랑의 마음으로 품을 수 있는 아이는 분명 이 시대를 주도하는 파워풀한 인생을 살아갈 수 있을 것이라 확신한다.

 가치를 알아야 경제가 보인다

때때로 부모는 아이가 공부를 잘하지 못해서 속상하다. 컴퓨터에 빠져 대인관계가 어려워진 아이 때문에 골치가 아프고, 아이들의 무계획적인 소비습관에 종종 마음이 쓰인다. 그럴 때 나는 해결책으로 파워경제교육을 제시하고 싶다. 파워경제교육은 꿈이 있는 아이, 부모에게 감사할 줄 아는 아이, 대인관계가 좋은 아이로 만들어주는 동기를 제공해줄 것이다. 나는 파워경제교육이 가정에서 이루어진다면 그야말로 최상의 효과를 볼 것이라 생각한다.

이 책은 우리 아이를 행복한 부자로 만들어주는 파워경제관념 7가지와 부모가 직접 가정에서 적용할 수 있는 손쉬운 경제교육 방법, 그리고 부모가 자녀에게 들려줄 수 있는 8가지 삶의 지혜에 대해 모아놓았다. 먼저 7가지 파워경제관념은 물질만능주의의 시대적인 흐름을 뛰어넘는 '올바른 돈에 대한 가치관'의 정립을 도와줄 것이다. 그리고 그것을 가정에서 쉽게 적용하는 방법을 알려줄 것이며, 삶의 지혜 부분까지 자연스럽게 터치해줄 것이다. 경제교육에 관심을 갖고 이 책을 집었겠지만 아이의 인생교육에 대한 고민도 한결 가벼워짐을 경험할 수 있을 것이라 생각한다.

나는 가까운 시일 내에 우리나라에 조기경제교육의 열풍이 불 것이라 본다. 아니, 이미 경제교육의 열풍은 잔잔하게 시작되었다.

그리고 아마도 향후 100세 시대를 이끌어갈 주역들은 파워경제교육을 받은 아이 중에 나올 거라 생각한다. 그럴 수밖에 없다. '공부만 열심히 한 아이'가 '실력은 기본이고 올바른 경제관념을 가졌으며 삶의 지혜까지 풍부한 아이'를 이길 수는 없기 때문이다.

이 책을 통해 파워경제교육을 받은 내 아이가 100세 시대를 이끌어갈 주역이 되는 상상을 해보자. 가슴이 설레지 않는가? 우리 아이가 100세 시대를 이끌어갈 주역이 될 수 있는 기회가 이 책을 지금 읽고 있는 당신에게 있다는 사실을 기억해야 한다. 아이가 행복한 성공자가 되어 '우리 부모님 최고!'라는 진심 어린 감사의 고백을 들을 수 있을 것이라 확신한다.

지금 이 글을 맺으려는 이 순간 문득 가슴이 설렌다. 자녀교육이라는 정보의 홍수 속에서 유유히 떠올라 순항할 수 있는 배 한 척을 완성해낸 느낌이다. 자녀를 행복한 성공자로 만들기 위해 늘 애쓰는 모든 부모를 위해 나는 펜을 들었다. 그중 한 사람이 바로 이 글을 읽고 있는 당신이 되길 간절히 바란다.

마지막으로, 딸들에게 올바른 경제관념을 지혜롭게 전해주신 우리 어머니와 증권사를 그만두고 경제교육 강사의 길을 걸어가겠

다고 했을 때 눈빛의 흔들림도 없이 나를 믿어준 남편, 그리고 뒤
에서 나를 응원해주시는 많은 분들에게 감사의 마음을 표한다.

조윤정

100세 시대, 완전 중요해진 자녀 경제교육!

경제교육은 곧 인생교육!
파워경제교육의 다섯 가지 가치
교육에도 우선순위가 있다
군계일학으로의 통로, 파워경제교육
Six Pocket 세대의 문제점
100세 시대에 대비하라

100세 시대를 눈앞에 둔 현 시점에서 경제교육의 중요성은 여러 번 강조해도 지나치지 않습니다. 본 챕터에서는 경제교육이 무엇인지, 그것이 왜 중요한지, 또 경제교육에 어떻게 접근해야 할지에 대해 이야기를 나누고자 합니다. 본 챕터가 경제교육의 올바른 방향 설정에 도움이 되었으면 하는 바람입니다.

경제교육은 곧 인생교육!

"**선생님!** 경제교육이 뭐예요?"

우리 동네 지역아동센터에서 경제교육을 시작한 첫날, 아이들의 표정은 물음표였다. 지켜보던 아동센터 원장님께서 아이들에게 내 소개를 해주셨다.

"너희들 용돈 관리 잘하고 저축해서 부자 될 수 있도록 가르쳐주시는 선생님이니 조용히 집중해서 잘 들어야 한다!"

그해 가을, 모교에서 아이들에게 진로특강을 해주었으면 좋겠다는 제의를 받고 중학교를 방문했을 때도 그랬다.

"여기 오신 분은 여러분들의 선배님으로 현재 증권회사에서 근무를 하고 있는 차장님이십니다. 또 저축이나 투자를 잘해서 부자되는 방법을 알려주는 경제교육 강사로도 활동하고 계십니다. 오늘은 여러분들에게 진로특강을 해주시기 위해 오셨습니다. 경청해주기 바랍니다."

나는 강의를 하기 전 종종 이런 소개를 받는다. 용돈 관리 잘할 수 있도록 알려주는 선생님, 경제교육 강사, 투자나 저축의 방법을 잘 알려주는 선생님, 부자가 되는 방법을 알려주는 선생님 등 내가 하는 경제교육에 대한 이미지만을 기억하고 경제교육과 떼려야 뗄 수 없는 '돈'과 관련된 노하우를 가르치는 선생님으로 소개되고, 아이들 또한 그렇게 기억한다. 나도 처음 어린이 경제교육 활동을 시작했을 때 '경제교육'이라고 하면 가장 먼저 용돈 관리를 떠올렸고, 그 다음이 은행예금이나 펀드, 주식투자와 같은 돈에 대한 개념만을 아이들에게 가르치는 것으로 생각했다. 이는 내 생각일 뿐만 아니라 사회에서 갖고 있는 경제교육에 대한 매우 보편적인 생각이었던 것이다.

최근 자녀경제교육에 대한 관심도가 높아지고 있는데, 이런 관심은 경제교육 프로그램과 경제교육관련 도서, 경제캠프, 경제뮤

지컬 등 다양한 모습으로 나타나고 있다. 주된 내용은 용돈 관리, 주식투자, 저축, 소비활동, 기부활동 등으로 돈에 대한 기본적인 관념을 가르치는 데 치중하고 있다. 내 프로그램 역시 처음에는 일반적인 경제교육의 내용과 크게 다를 것 없었다. 이러한 자료들을 바탕으로 프로그램을 만들었기 때문이었다. 그런데 어느 순간부터 경제교육에서 돈에 대한 이야기만 아이들에게 해주기에는 무엇인가 2% 부족하다는 생각을 하게 되었다. 물론 돈에 대한 관념을 가르치는 것이 경제교육이라고 대부분의 사람들이 생각한 덕분에 내 교육 내용에 문제를 제기한 이는 아무도 없었다. 그러나 내 마음은 편치 않았다.

'무엇이 부족한 거지?'

이번엔 내 머릿속에 물음표가 생겼다. 내가 직접 만든 경제교육 프로그램을 진행한다는 뿌듯한 마음과 동시에 2% 부족한 그 무언가가 무엇일까, 하는 마음으로 나는 첫 프로그램을 아이들과 함께 진행했다. 얼마 뒤 두 번째 프로그램도 진행했다. 그리고 세 번째 프로그램까지 진행했다.

몇 번째의 진행이었을까? 문득 아이들에게 돈에 대한 이야기를 하고 있다가 이런 질문을 던졌다.

"그렇다면 세상에서 가장 비싼 것은 무엇일까?"

돈의 기능을 가르치고 있었는데, 돈으로 이렇게 많은 것들을 할 수 있는 만큼 세상에서 가장 비싼 것도 알려주어야 더 퍼펙트한 교육이 될 것이란 생각이 번뜩 들었기 때문이다. 아이들은 해맑은 표정으로 대답하기 시작했다.

"선생님~ 다이아몬드요", "집이요", "자동차요", 그리고 무엇인가 발견한 듯 자신감에 찬 표정으로 한 아이가 일어서서 외쳤다. "선생님~ 200만 원어치 금이요!"

웃음을 참고 나는 먼저 아이의 의견에 적극 동감해주었다.

"맞아, 맞아. 200만 원어치 금도 굉장히 비싼 것이지!"

말을 마치고 참고 있던 웃음을 아이들과 함께 터뜨렸다. 역시 아이들은 너무 순수하다. 이 맛에 나는 아이들과 함께 하는 일을 계속하는 것 같다.

나는 다시 한 번 질문을 던졌다.

"돈으로 살 수 있는 것에도 비싼 것들이 많지만 정말 비싼 것들은 돈으로 살 수 없는 것이란다. 그건 무엇일까?"

한 아이가 "선생님, 지구요!"라고 하자 다른 아이들도 "선생님, 자연이요!", "가족이요!", "사랑이요!", "건강이요!" 등 돈으로는 살 수 없는 수많은 가치들을 대답으로 쏟아냈다. 바로 내가 원했던 대답이었다. 그리고 그 순간 내가 앞으로 가야 할 경제교육의 방향을 깨달았다. 내가 찾고 있던 2%가 바로 이것이었던 것이다! 그날 돈보다 가치 있는 것들이 세상에 많이 있다는 것을 아이들도 알고 있다는 데 새삼 놀라지 않을 수 없었다.

돈이 필요한 건 사실이다. 최근 돈이 있어야 행복하고 돈이 없으면 불행하다는 생각이 이 사회를 강하게 주도하고 있는 것도 사실이다. 그 때문에 아이들에게 돈에 대한 관념을 가르치는 경제교육에 무언가 빠져 있는 것 같다는 막연한 불안감을 느꼈던 것 같다. 그 이후 난 새로운 도전을 시작했다. 바로 아이들에게 경제와 함께 사람가족, 이웃, 생명, 자연, 사랑, 꿈의 가치도 가르치겠다는 것이었다.

기본적인 경제활동은 기본이고, 생명을 소중히 여기고, 가족을 사랑하고, 어려운 이웃을 돌아보는 눈을 가지게 하는 것, 우리가 살아 숨 쉬고 있는 터전인 자연의 소중함을 깨닫게 하는 것, 자신의 진정한 꿈을 위해 도전하게 하는 것, 그리고 돈이 주는 이익에 흔들리지 않고 올바른 주관을 갖고 인생의 승리자가 되게 하는 것까지, 경제교육은 바로 이렇게 완성되어야 한다. 우리 인생을 살아가기 위한 수단으로 돈이 생긴 것이지 돈을 목표로 우리가 인생을 사는 것은 아닌 것처럼 말이다. 그때까지 내가 가르친 돈에 대한 내용은 인생을 가르치기 위한 수단일 뿐이었다.

나는 경제교육을 통해 삶의 가치와 행복을 알려주는 방법을 찾아냈다. 행복한 인생을 삶을 가르치기 위한 수단으로 돈을 활용한다는 건 매우 큰 강점이다. 돈은 우리 삶의 아주 밀접한 관계에 놓여 있기 때문이다. 그래서 많은 사람들이 돈에 대해 궁금해 하고 많은 것을 알고 싶어 한다. 또 돈을 제대로 알지 못해 돈을 위해 인생을 살다가 돈 때문에 인생을 실패하는 일들이 적지 않다. 하지만 돈의 진정한 가치를 알게 되는 순간 우리는 진정 행복해질 수 있다. 그리고 진정한 인생의 성공자로 살아갈 수 있다. 이런 이유로 경제교육을 단순한 돈과 관련된 숫자교육으로 바라보는 것이 아닌 삶의 가치와 지혜를 배워나가는 인생교육으로서 바라보는 시각이 매우 중요하다. 다시 말해 경제교육은 우리들을 행복한 성공자로 만들어주는 경제관념으로 접근해야 한다.

행복한 성공은 그 사람의 경제관념에 달려 있다. 우리 삶이 행복해지는 경제교육을 통해 자녀교육의 시각을 인생교육으로 폭넓게 바라본다면 아이들은 그 누구보다 파워 있는 인생을 살아갈 수 있을 것이라 확신한다.

  가치를 알아야 경제가 보인다

파워경제교육의
다섯 가지 가치

경제교육이라는 것과 내가 처음 만난 것은 2007년이었다. 증권회사 근무 중 사회공헌활동으로 어린이 경제교육 프로그램을 진행했기 때문이다. 처음에 경제교육 봉사활동 지원자를 받는다는 공지가 회사에 떴을 때 내 가슴은 쿵쾅쿵쾅 뛰기 시작했다. 마치 첫눈에 반한 사람을 만난 듯한 느낌이었다. '경제교육'이라는 단어가 굉장히 크게 느껴지면서 '앞으로 내가 가야 할 길'이라는 강력한 메시지를 느낄 수 있었다.

최초의 교육은 '청소년문화의집'에서 진행했다. 아이들은 보드게임을 통해 저축, 투자, 보험의 경제관념을 쉽게 익힐 수 있는 시간을 가졌다. 그러나 남다른 애정을 갖고 경제교육에 임했지만 막상 교육을 할 때마다 아쉬운 점이 있었다. 바로 토요일 1회, 두세 시간밖에 되지 않는 교육시간이었다. 때문에 배운 내용을 실제 생활에 적용하는지에 대한 피드백을 전혀 할 수 없었다. 몇 년 후 회사 사정으로 봉사활동을 더는 진행할 수 없게 되었지만, 그것이 끝이라고 생각하지 않고 경제교육에 대한 지속적인 관심을 놓지 않았다. 그리고 결국 스스로 경제교육 프로그램을 만들어 직접 강의를 하기 위해 여러 곳의 문을 두드렸다. 그렇게 찾은 곳이 인근에 있는 지역 아동센터였다.

강의는 이전처럼 1회에 끝나는 것이 아닌 전체 3개월 과정[10~12회]으로 짰다. 그래서 더욱 아이들이 놀이와 체험활동을 통해 경제관념을 재미있게 익힐 수 있도록 프로그램을 구성했으며 경제교육을 받은 뒤에 가정에서의 실천으로 연결되는 실질적인 프로그램으로 만들려고 노력했다. 그리고 꿈을 통한 동기 부여와 함께 생명, 가족, 이웃, 자연처럼 돈보다 귀한 것들에 대한 깨달음과 감사의 마음을 가질 수 있도록 교육 내용을 구성했다. 이 과정을 통해 만들어진 것이 바로 파워경제교육이다.

이렇게 만들어진 파워경제교육은 다섯 가지 가치, V.A.L.U.E를 담고 있다. 첫 번째 V는 Vision으로 꿈, 두 번째 A는 Alive로 살아 있음, 곧 생명, 세 번째 L은 Love으로 사랑, 네 번째 U는 You로서

 가치를 알아야 경제가 보인다

당신가족, 이웃, 다섯 번째 E는 Environment로 자연이다. 즉, 파워경제교육은 자신의 꿈을 사랑하고, 생명을 사랑하고, 가족과 이웃 등 사람을 사랑하고, 자연을 사랑하는 것을 중요한 가치로 여긴다. 바로 사랑이 핵심인 것이다. 요즘 같은 물질만능의 시대에 이러한 가치는 여러 번 강조해도 지나치지 않다.

사람의 행복과 불행은 돈이 많고 적음에 기인하지 않는다. 바로 잘못된 경제관념에 기인한다. '왜 나는 이것밖에 소유하지 못했는가'에서 출발하면 내가 값을 치르지 않고 누리고 있는 자연과 생명, 그리고 가족과 주변사람들에 대한 소중함을 간과하기 쉽다. OECD 국가 중 자살 1위라는 불명예를 안은 이유도 어찌 보면 잘못된 경제관념에 있지 않을까 싶다.

돈, 물론 중요하다. 하지만 더 중요한 것은 귀한 것을 귀한 것으로 여기는 마음가짐, 즉 파워경제교육이 말하는 다섯 가지 가치를 이해하고 마음으로 받아 안는 것이다. 따라서 올바른 경제교육은 경제관념과 함께 인간으로서 마땅히 가져야 하는 가치를 가르치는 것이어야 한다. 그리고 그 해답은 파워경제교육에 있다.

교육에도 우선순위가 있다

"당신의 우선순위는 무엇입니까?"
"당신의 가치관은 무엇입니까?"

이 두 가지는 다른 질문인 것 같지만 연관된 질문이다. 가치관이
곧 그 사람의 생각과 행동을 결정한다. 자신이 갖고 있는 가치관을
토대로 우선순위를 결정하고 그것을 바탕으로 최종의 것을 선택하
는 행동으로 나타나는 것이다.

그 사람이 삶에 어떤 우선순위를 두고 있는지는 '돈'의 사용에서
도 짐작해볼 수 있다. 운동을 좋아하는 사람은 스포츠를 배우거나

스포츠용품을 구입하는 데 지출비중이 높을 것이다. 또한 외모에 신경을 많이 쓰는 여성의 경우에는 화장품과 의류에 대한 지출이 높을 것이다.

여기에서 우리가 관심을 가져야 하는 것은, 그것을 우선순위로 한 그 사람의 가치관이다. 외모에 신경을 쓴다고 해서 모두 목적이 같을 수는 없기 때문이다. 남에게 잘 보이기 위해, 사치 욕구를 충족하기 위해 외모를 꾸민다면 그리 뜻 깊게 돈을 사용한다고는 볼 수 없을 것이다. 하지만 미래에 의상 디자이너나 메이크업 아티스트가 되는 것이 꿈이라면 외모에 관심을 갖고 투자하는 것에 큰 의미를 부여할 수 있을 것이다.

또한 가정의 매월 소득금액을 어디에 가장 많이 지출하는지를 알면 그 가정의 우선순위를 짐작할 수 있다. 저축에 비중이 높은 가정, 외식비에 비중이 높은 가정, 그리고 교육비에 비중이 높은 가정도 있다. 그러면 우리나라 가정은 어떤 항목에 가장 지출을 많이 할까? 한두 명의 어린 자녀를 키우고 있는 가정에서는 자녀교육비의 비중을 빼놓을 수가 없다.

최근 기사에는 30년 전보다 자녀교육비의 비중이 두 배 증가했다는 내용도 있었는데, 특히 고소득층 가정의 경우 교육비 증가율이 더 컸다고 한다. 초등학교를 입학하기도 전에 고액의 영어유치원에 자녀를 보낸다는 이야기를 주변에서 종종 듣곤 하는 현실을 생각하면 이런 수치가 이해되고도 남는다.

　예전에 친한 친구가 자신이 직접 자녀를 돌봐야겠다며 다니던 직장을 퇴직할 때 나는 정서적인 측면에서도 엄마가 정말 필요한 시점이라고 생각되어 잘한 결정이라고 격려하고 축하해주었다. 그런데 그 친구는 퇴직하는 날 "이제 아들을 한의사로 만드는 데 집중해야지"라는 말을 내게 던졌다. 그 순간 내색하지는 못 했지만 무언가 씁쓸한 기분이 들었다.

　모두가 그런 것은 아니겠지만 "나중에 의사가 되어야 한다", "커서 선생님이 되라"라는 말은 부모와 자식 간의 대화에서도 종종 들을 수 있다. 자녀의 행복을 위해서겠지만, 이 말은 자칫 돈을 많이 벌 수 있는 직업이나 안정된 직업 그 자체가 삶의 목적이 되어버리게 할 수 있고, '돈을 많이 벌어야 행복하다'라는 의미로도 자녀에게 전달될 수 있다고 생각한다.

　'좋은 학벌을 가져야 좋은 직장을 갖고 인생에서 성공할 수 있다'는 오래전부터 우리 사회의 교육목적이었다고 해도 과언이 아니다. 실제 자녀교육의 우선순위도 학습 위주의 교육에 대부분 초점을 맞추고 있다. 문제는 대다수의 사람들이 생각만큼 성공적인 결과를 얻지 못한다는 사실이다.

탐스런 열매를 맺게 하기 위해서는 적당한 양의 물과 햇빛, 공기가 필요하다. 그런데 나무를 잘 자라게 한다고 화분에 너무 많은 물을 주면 뿌리가 썩으면서 시들어버리기 쉽다. 마찬가지로 학습에 과도하게 치중하는 것은 아이들의 균형 있는 성장에 장애가 된다. 심지어 자녀의 삶을 불행으로 이끄는 심각한 결과를 낳는다.

이제는 명문대를 나와도 좋은 직장을 얻지 못한다. 세상이 원하는 건 학력이 아닌 세상이 되었다. 그런데도 좋은 학벌이 행복한 인생을 만들어줄 거라고 생각하는 것은 왜일까? 이는 부모들이 갖고 있는 자녀교육의 우선순위의 문제일 것이다. 명문대를 나와 소위 '사'자로 끝나는 직업을 갖는 것을 성공이라 여기게 되면서 내 아이를 그렇게 만들고자 하는 것이 부모의 목표가 되었고, 이것이 다시 교육의 방향이 된 것이다.

김연아가 어릴 때 텔레비전에서 스케이트를 타는 장면을 보고 따라 하고 있었는데 그것을 지켜본 어머니가 김연아의 소질을 발견하고 그날부터 스케이트를 배우게 했다고 한다. 그 시대에 스케이트는 큰 관심을 받는 종목이 아니었음에도 불구하고 김연아의 어머니는 김연아의 소질을 발견하고 스케이트를 가르치기 시작한 것이다. 이 사례는 교육의 우선순위를 자녀 안에서 찾아야지 결과물에서 찾으면 안 된다는 깨달음을 준다.

그런데 김연아가 크게 성공하자 많은 아이들이 스케이트를 배우기 시작했다. 하지만 '우리 아이가 스케이트를 좋아하고 소질이 있는가' 하는 문제보다는 '우리 아이도 김연아처럼 만들어야지' 하는 목적이 더 크게 작용했다면 다시 생각해봐야 할 것이다.

같은 교육을 시키더라도 '왜 아이에게 그 교육을 시키고 있는가?'는 매우 중요한 문제다. 이는 그 부모가 가진 교육에 관한 가치관에 의해 좌우되는데, 이 가치관은 아이에게 고스란히 전파되어 그 아이의 가치관으로 자리 잡기 때문이다. 그동안 교육의 목표가 '대학교에 보내는 것', '의사를 만드는 것', 또는 공무원과 같이 '안정적인 직장을 갖게 하는 것'이었다면 이제는 새로운 가치관으로 접근해야 한다. 아이의 소질을 발견해주고 아이에게 삶의 진정한 가치를 알게 해야 하는 것이다. 부모가 결과물이 아닌 자신을 중심으로 자신의 미래에 대해 고민해주는 것을 느끼는 아이들이 진정한 꿈을 찾을 수 있고, 또 꿈을 이룰 수 있게 된다.

경제교육도 마찬가지다. 경제관념을 심어주는 일도 물론 중요하지만 경제교육의 최종 목표가 경제관념을 학습하는 것만으로 끝나서는 안 된다. 맛보기로 잠깐 설명해보고자 한다.

돈은 상황에 따라 여러 가지의 의미로 바뀐다. 우리의 생계를 이어가게 해주는 기능도 있지만, 죽어가는 생명을 살리는 통로가 되

가치를 알아야 경제가 보인다

기도 한다. 바로 기부라는 형태로 말이다. 또 부모님께 마음을 다해 드리는 용돈은 부모님의 마음을 기쁘게 한다. 이렇듯 돈은 우리의 삶 속에서 다양한 모습으로 표출된다. 때문에 우리 아이가 '돈'에 대한 학습뿐만 아니라 '돈'에 대한 진정한 가치까지 배울 수 있도록 경제교육에도 우선순위를 두어야 한다. 돈은 우리 인생과 떼려야 뗄 수 없는 관계에 있기 때문에 이러한 접근은 매우 중요하다. 특히 자녀의 가치관이 완성되기 전, 즉 조기교육으로 진행될 수 있도록 부모의 관심이 필요하다. 어릴 때 바른 경제관념이 세워져야 평생 행복할 수 있다.

자녀의 성공은 중요하다. 하지만 성공을 가르치기 전에 먼저 가르쳐야 할 것이 있다. 자녀가 성공하기 전과 마찬가지로 자신의 행복한 삶을 지켜낼 수 있는 힘을 갖게 하는 것이다. 성공 뒤에 찾아오는 것이 '더 큰 행복'이었으면 좋겠지만, '검은 유혹'인 경우가 더 많다. 유명인들이 하루아침에 나락으로 떨어지는 경우를 매스컴을 통해 종종 접하곤 한다. 이것만 봐도 성공보다 더 중요한 무언가가 있다는 것을 알 수 있다. 나는 그것이 바로 '돈에 대한 올바른 관념'이라고 생각한다.

자녀가 자신이 원하는 진정한 꿈을 현실로 이룬 후 자신의 행복을 유유히 지켜내며 많은 이들의 존경을 받는 그날을 상상해보자.

그리고 오늘부터 우리 자녀교육의 우선순위를 '성공'이 아닌 '행복한 삶을 지켜내는 아이'로 바꿔보자.

군계일학으로의 통로,
파워경제교육

'군계일학群鷄一鶴'은 닭의 무리 가운데 한 마리의 학이라는 뜻으로 많은 사람 가운데 가장 뛰어난 인물을 이르는 말이다. 이 사자성어처럼 대부분의 부모들은 내 아이가 다른 아이보다 뛰어나길 바란다. 그런데 여기에서 주목해야 할 것은 '많은 무리 중 뛰어난 하나'라는 말의 의미다. 뛰어난 자녀는 극소수라는 것이다. 소수의 뛰어난 인물들은 대개 평범한 사람들과는 차별화된 무언가를 가지고 있다. 이는 많은 사람들이 선택한 길을 가기보다 자신만의 소신을 갖고 소수의 길을 선택했을 때 성공 확률이 더 크다는 의미로도 해석할 수 있다.

그런데 최근 교육의 방향을 보면 너도나도 '시키는 데'만 주목하고 있다. 어떠한 목적으로 자녀교육을 시키고 있는지 부모들 스스로도 뚜렷한 방향성을 가지고 있지 않다는 말이다. 대부분의 부모들이 '남들이 시키는 교육이라면 우리 아이에게도 시켜야 할 것' 같은 불안감을 한 번 이상은 경험한다. 어떤 분은 친한 친구가 "영어유치원은 빚을 내서라도 보내야 한다"고 연설을 하고 가는 바람에 순간 고민에 빠졌고, 결국 이것저것 한 번씩은 다 시켜보았다고도 한다. 다행히 지금은 아이가 좋아하는 것만 가르치고 있다. 자녀교육의 방향성을 나름 찾아가고 있는 것이다.

지금까지 교육의 목적은 대부분 안정된 직업, 좋은 직업을 갖게 하기 위한 기반으로 좋은 학벌에 초점을 두고 있다고 해도 과언이 아니다. 좋은 직업이라는 의미에는 자신의 재능, 자아성취라는 측면이 많이 약화되어 있다. 좋은 직업의 조건은 첫째, 남들이 잘 아는 회사여야 한다는 것이다. 예를 들면 삼성과 같은 대기업이어야 남들도 인정해주고 부모의 어깨도 으쓱해진다. 둘째, 연봉이 높아야 한다는 것이다. 자본주의 국가에서 아무리 스스로 행복한 일이라고 말해도 돈을 많지 벌지 못하면 사회에서 인정받기 쉽지 않다. 그 다음에는 직원복지가 좋다든지 출퇴근 시간이 일정하여 자기계발을 할 수 있는 여유가 있다는 조건 등을 우선순위로 한다.

 가치를 알아야 경제가 보인다

때문에 많은 이들이 타인으로부터 인정도 받고 돈도 많이 벌 수 있는 직업을 갖겠다는 목표를 설정하고 나아간다. 그런데 모든 아이들이 똑같은 교육을 받는다고 가정했을 때 그중 정말 뛰어난 아이가 나올 확률은 얼마나 될까? 그리고 과연 내 아이가 그 뛰어난 아이가 되어줄까? 공연히 똑똑한 아이들을 돋보이게 하는 들러리가 되지는 않을까?

나는 가끔 사람들이 추구하는 것들을 긴장하고 바라볼 때가 있다. 조금 다른 이야기이긴 하지만 주식투자로 예를 들어보겠다. 10여 년 전의 일이다. 어떤 회사의 성장성을 수많은 사람들이 높이 평가, 지금 그 주식을 사서 묻어두면 3년 뒤에 다섯 배가 될 거라고 했고 사람들은 너나없이 그 주식을 사들였다. 어떤 사람은 친척의 자금까지 모아 2억 이상의 자금을 투자하기도 했다. 하지만 그 회사의 주식은 3년 뒤 6천 원에서 1천200원으로 감자減資되었다. 투자금액의 80%가 손실이 나고 만 것이다. 사람들이 주식을 사느라고 정신없을 때 나는 긴장을 유지한 채 바라보면서 최소의 금액만을 투자했다. 이는 '어떤 일에 대해서 대다수의 사람들이 좋다고 이야기할 때가 가장 위험한 때'라는 것을 알고 있었기 때문이다. 이와 같은 사례는 알게 모르게 우리 주변에서 많이 일어난다.

교육은 물론 자녀를 위한 것이다. 하지만 그렇다 하더라도 긴장감을 놓쳐서는 안 된다.

그렇다면 참된 자녀의 성공은 어디에서 찾아야 할까? 오늘날 사회에서는 돈이 최고인 것처럼 그 중요성을 강조하고 있다. 매스컴에서도 돈으로 할 수 있는 많은 것들을 소개함으로써 정작 편안한 삶을 살면서도 상대적인 박탈감을 느끼게 만든다. 돈과 명예, 그리고 외모 등 눈에 보이는 것들의 가치가 나에게 행복을 가져다줄 것 같은 느낌을 받게 하는 것이다.

인생의 목표를 세울 때 가장 중요한 것을 잃지 않도록 늘 긴장해야 한다. '돈'이라는 것은 매우 필요하지만, 이상하게도 어떤 이의 삶의 목적이 '돈'이 되면 그 삶은 행복해지기가 어려운 경우를 많이 보았다. 그것은 바로 사람의 욕심은 끝이 없기 때문일 것이다. 그래서 스스로를 부자라고 생각할 만큼 만족하는 돈을 벌지 못하는 것이 아닐까 싶다.

처음 회사에 입사한 사회초년생 시절, 나는 저축에 흥미를 붙이기 시작했다. 처음에는 1천만 원만 모으면 부자가 된 느낌일 거라 생각했다. 그러나 1천만 원을 모으고 나니 2천만 원을 모으고 싶었고, 2천만 원을 모으고 나니 또 3천만 원을 모으고 싶었다. 저축목

가치를 알아야 경제가 보인다

표를 달성할 때마다 만족감을 느끼긴 했지만, 그것은 잠시였다. 또 다른 목표를 설정하는 내 모습을 볼 수 있었던 것이다.

'내가 욕심이 많은 걸까?' 하는 생각도 했다. 하지만 주변에도 "이 정도 벌었으니 만족한다"고 말하는 사람은 없었다. 1천만 원을 갖게 되면 1억 원을 갖고 싶고, 1억 원을 갖게 되면 3억 원을 갖고 싶고, 3억 원을 갖게 되면 10억 원을 갖고 싶고, 10억 원을 갖게 되면 100억 원도 갖고 싶을 것이다. 100억이라면 만족할까? 아마 그 이상을 바라게 될 것이 분명하다. 가수 박진영도 최근 텔레비전 프로그램에 나와서 돈을 벌면 만족할 것 같았으나 만족하지 못했고, 명예를 얻으면 만족할 것 같았으나 역시 만족할 수 없었다는 이야기를 한 적이 있다. 이것이 바로 사람들의 보편적인 심리다. 이처럼 돈에 대한 욕망은 끝이 없다. 때문에 인생의 목적이 '돈'이 될 경우 행복감과 만족감을 찾기 어려워진다.

이런 이유 때문에서라도 '돈' 자체를 목적으로 해서는 안 된다. 우리의 아이들은 자신의 진정한 꿈을 이루어가는 사람으로 성장해야 하는 것이다.

자녀에게 지식적인 것을 잘 가르치는 일은 이미 많은 부모들의 관심사다. 그래서 학습실력을 키우는 교육에 관한 책들도 많다. 하지만 실제로 시대를 이끌어가고 있는 주역들을 보면 '학습실력'만 가지고는 안 된다는 것을 알 수 있다.

미국에서 성공한 50~60대 CEO를 대상으로 한 성공의 이유에 대한 설문조사에서 자신을 성공으로 이끈 가장 큰 이유를 '대인관계'라고 대답한 사람이 90% 이상이었다고 한다. 물론 실력이 중요하지 않다는 말이 아니다. 실력이 바탕이 되었을 때 주변사람들의 도움으로 인해 더 높이 뛸 수 있었다는 것이다. 문득 '사람을 얻는 자가 진정한 삶의 성공자가 될 수 있겠다!'라는 생각이 들었다. 사람을 얻는 것은 소위 처세술로는 되는 것이 절대 아니다. 처세술로는 잠시 사람을 얻을 순 있지만 지속되긴 어렵다. 그 안에 진심이 있어야 하는 것이다.

이젠 자녀를 진짜 파워 인재로 키우기 위해서는 진심 어린 사랑의 마음을 실천하고, 대인관계가 원활한 아이로 키우겠다는 목표를 설정해야 한다. 파워경제교육은 경제관념과 더불어 돈을 매개체로 한 우리의 삶을 살아가는 지혜를, 상대방을 품어주는 사랑의 마음을 배우게 한다. 그야말로 인생의 참된 성공자가 될 수 있는 방법을 알려주는 통로가 되어줄 것이다.

 가치를 알아야 경제가 보인다

Six Pocket 세대의 문제점

"할아버지가 부자라서 좋아요!"

몇 주 전 남편 대학원 동기모임에 참석했을 때 어린이집을 운영
한다는 분께 들은 말이다. 요새 아이들은 할아버지, 할머니가 부자
라서 좋다는 말을 서슴지 않고 말한다는 것이다. 명문대에 가는 조
건이 '할아버지의 경제력', '아빠의 무관심', '엄마의 정보력'이라는
말을 듣기는 했지만, 실제로 아이들이 자신의 "할아버지가 부자라
서 좋다"는 말을 한다는 것에 적지 않게 당황했다.

문득 10년 전쯤 들었던 이야기가 떠올랐다. 아는 분이 좋은 차를 구입했다기에 축하드렸을 때 "작은 차를 가지고 다니면 아이가 유치원에서 소외를 당하기 때문에 새 차를 구입하게 되었다"는 말을 들었다. 어디 그뿐인가? "너 몇 평에 살아?", "방이 몇 개야?"를 물어서 집 평수가 비슷한 아이들끼리 친하게 지낸다는 말도 들었다.

내가 어렸을 때 어머니는 도시락을 싸주시면서 "엄마 학교 다닐 때는 부자들만 달걀프라이를 반찬으로 싸 왔단다"라고 말씀하신 적이 있다. 그때 난 어머니가 내 도시락 반찬으로 맨날 똑같은 김치와 햄, 그리고 오징어볶음을 챙겨주시면서 괜한 생색을 내시는 것 같은 느낌을 받았다. 나이가 어린 탓도 있었겠지만 아무리 생각해도 '달걀프라이'가 부의 상징이었다는 건 마음에 와 닿지 않았기 때문이었다.

그 당시만 해도 어느 정도 먹고살 만했다. 때문에 도시락 반찬으로 부를 드러내지는 않았다. 메이커 가방, 메이커 신발에 따라 그 친구가 부자인지 아닌지를 판단했을 뿐이다. 부자라고 모두가 그런 것은 아니었지만 좋은 메이커를 사용하는 친구들끼리 친하게 지냈던 기억이 어렴풋이 남아 있다. 나는 어린 시절 형편이 어려웠기 때문에 그들과 어울리지는 못 했다.

나는 고등학교 입학할 때 산 가방을 3년 내내 들고 다녔다. 3학년 때는 군데군데 헤진 것은 물론이고 색깔도 변색되어 있었다. 그래서 등하굣길에 친구들이 내 등 쪽을 바라보는 것만 같아도 식은땀을 흘리곤 했다. 그만큼 그 낡은 가방이 창피했다. 하지만 고등학교 입학할 때 "새 가방을 사 주면 3년 동안 들고 다니겠다"고 약속을 한 탓에 사 달라고도 못 했다. 어쩌다 "가방 좀 사 주시면 안 될까요?"라고 조심스레 여쭤보면 어머니는 늘 똑같은 대답만 하셨다.

"3학년이면 곧 졸업하고 가방도 크게 필요하지 않은데 뭘 또 사니? 약속 지켜라!"

언제나 어머니는 당당하셨다. 가장 저렴한 운동화를 사 주시고도 "이 운동화가 값싸면서도 가장 질이 좋더라!" 하셨다. 마치 자식들에게 가장 값싸고 가장 질 좋은 운동화를 사서 신게 한다는 자부심을 갖고 계신 것처럼……. 그 당시 어머니의 그 자부심이 내게는 일종의 고통이었지만 어린 시절에 내가 경험한 이러한 '부족'은 지금 살아가는 데 아주 큰 버팀목이 되어주고 있다. 돈의 소중함도 알 뿐 아니라 한번 산 물건을 웬만해서는 버리지 않고 오랫동안 잘 사용하고 있다. 내가 만약에 이런 일들을 어렸을 때 경험하지 못했더라면 지금 어떤 경제관념을 가지고 살아가고 있을까? 생각만 해도 아찔하다.

어릴 때는 주로 작은 것이 부족하다. 그런데 어릴 때 갖고 싶은 것들을 거의 다 갖고 살아가다가 나이 들어서 부족을 경험하면 극복해야 할 방법을 알지 못해 당황한다. 그뿐만 아니다. 나이 들어서 부족한 것은 작은 것이 아니라 대개 큰 것들이다. 또 성인이 되어서 겪는 생활고는 나 한 사람의 문제가 아니다. 가족 모두의 고통이 된다. 때문에 그 고통은 더 크게 다가온다. 만약 어릴 적 풍요로움을 당연시했다면 힘든 상황에서의 감사의 조건을 찾는다는 건 거의 불가능한 일이 될 것이다.

그렇다면 현재 아이들은 어느 정도의 부족을 경험하고 있을까? 이 질문이 어색할 만큼 대부분의 아이들은 넉넉한 생활을 하고 있다. 물론 모두가 그런 것은 아니지만, 'Six Pocket 세대'라는 말이 나올 정도로 아이들은 풍요롭게 살고 있다. 'Six Pocket 세대'라는 말은 고령화 저출산이 일찍 시작된 일본에서 1990년도에 생겨난 신조어로 친할아버지, 친할머니, 외할아버지, 외할머니, 그리고 엄마와 아빠, 이렇게 여섯 명으로부터 용돈을 받아 쓰는 아이들을 일컫는 말이다. 우리나라도 예외가 아니다. 최근 연금을 받는 세대의 돈이 손자에게 쓰이고 있으니 말이다.

그러면 이렇게 자란 아이들은 나중에 어떻게 성장할까? 고민과 일종의 책임감의 느껴진다. 학업을 마친 스무 살, 서른 살의 나이에도 경제적으로 독립하지 못하고 부모에게 의존한다는 캥거루족이 생긴 지 오래다. 이런 추세라면 캥거루족이 더욱 급증할 것은 자명한 일이다. 가뜩이나 출산율도 저조한데 캥거루족이 많아진

가치를 알아야 경제가 보인다

다면 우리나라의 미래는 어떻게 되는 걸까, 하는 걱정스런 마음도 든다.

물론 'Six Pocket 세대'에서 소위 '엄친아'라는 멋있는 친구도 나올 수 있다고 생각한다. 엄친아라고 하면 통상적으로 유복한 가정 생활을 하며 학벌도 좋고 성격도 좋고 능력도 좋은, 모든 면에서 뛰어난 사람을 말한다. 그러나 이런 질문을 해보자.

세상 모든 부자의 자녀는 엄친아인가?
엄친아라고 해서 모두가 다 행복한가?

결론만 간단히 말하자면 텔레비전이 보여주는 것처럼 '행복한 엄친아'가 될 확률은 매우 희박하다는 것이다.

과학기술의 발달로 풍요로 가득 찬 세상을 우리는 살고 있다. 브랜드가 있는 옷과 운동화를 대부분의 사람들이 즐겨 입고 즐겨 신는다. 조금 부족하다 싶으면 부자 할아버지가 사 주고 부자 할머니가 사 준다. 그래서 아이들은 우리 할아버지, 할머니가 부자라서 너무나 행복하다고 말한다.

그런데 할아버지와 할머니, 그리고 부모는 아쉽게도 그 아이들의 삶을 모두 책임져 줄 수가 없다. 문제는 또 있다. 부자 할아버지, 할머니 덕분에 풍족하게 살다 보면 우리의 아이는 부족을 견뎌내는 지혜를 배울 기회를 얻지 못한다. 원하는 모든 것을 얻었을 때 진정한 감사보다는 당연시하는 마음을 가질 뿐이다.

우리 집은 'Six Pocket 세대' 같은 건 꿈도 못 꾼다고? 하지만 평범한 가정에서도 아이들만큼은 넉넉하게 지내는 경우가 많다. 단지 부자들만큼 해주지 못한다는 아쉬운 마음 때문에 '우리 아이는 언제나 부족하다'라고 느끼는 것이다.

친조모, 외조모, 그리고 부모는 사랑의 표현으로 자신의 주머니를 열어 자녀들을 좋은 것들로 채워주고 싶어 한다. 그러나 이는 우리 아이에게 어려운 일이 닥쳤을 때 스스로 일어설 힘을 키울 수 있는 기회를 빼앗는 결과를 가져온다. 지금이야말로 심각하게 고민해봐야 할 때다.

100세 시대에 대비하라

'100세 시대'라는 말은 이제 우리와 친숙한 단어가 되어버렸다. 갓난아이의 생존율이 낮아 무조건 많이 낳고 보았던 시대에는 50~60대에게 '할머니'라는 호칭을 당연하게 사용했다. 그러나 지금은 50~60대 분들께 할머니라고 불렀다가는 큰 실례가 되고 만다. 그만큼 그분들의 외모와 건강 상태가 양호해진 데다가 사회 참여도 활발하기 때문이다. 증권회사에서 고객들과 상담하던 시절에 젊은층보다는 연령대가 높은 분들과 상담하는 일이 더 많았는데, 한참 상담하다 보면 언니 정도로밖에 보이지 않던 분도 50대인 경우가 많아 깜짝깜짝 놀라곤 했다. 지금의 50~60대는 예전 40대의 느낌이고, 70~80대는 예전 60대를 보는 느낌이라고 하면 될 듯

싶다.

외모뿐이 아니다. 평소 운동을 즐겨 하고 몸에 좋은 웰빙 식단으로 건강을 관리한 덕분에 영양 상태, 건강 상태가 예전과는 비교가 되지 않을 정도로 좋아졌다. 그리고 그만큼 수명도 길어졌다. 여기에 의학의 발달까지 더해졌다. 빠른 시일 내에 '100세 시대'는 현실이 될 것이다.

그런데 수명이 길어진 만큼 경제력이 약화된 노후를 어떻게 보내야 할지에 대한 고민이 커져 버렸다. 이는 노후준비를 제대로 못한 본인만의 문제가 아니다. 주변 가족들의 문제이자 사회적인 문제인 것이다.

과거에는 55~60세에 정년을 맞고 5년에서 10년 정도만 은퇴자로서의 삶을 살면 그만이었다. 평균 수명이 70세 정도였기 때문이었다. 하지만 지금은 100세 시대를 눈앞에 두고 있다. 소득활동을 할 수 있는 기간도 짧아져 10년에서 15년이 고작이다. 따라서 은퇴 후에 40~50년을 더 살아야 한다.

이러한 100세 시대를 살아가기 위해서는 올바른 경제관념을 갖는 것이 매우 중요하다. 우리 주변에는 젊을 때 노후를 준비하지 않아 어려운 노년기를 보내는 사람들이 많이 있다. 베이비붐 세대가 젊었을 때 노후를 제대로 준비하지 않아 노인이 되어서도 일터로 나오고 있다는 기사를 한 번쯤은 접했을 것이다. 대부분 일용직으로 월급도 적고, 건강상태로 좋지 않지만 하루의 삶을 위해 그들은 일을 할 수밖에 없다. 나는 이런 기사를 접할 때마다 '오래전부터 가정에서 올바른 경제교육이 진행되었다면 결과는 조금 달라지지 않았을까?'라는 생각을 한다.

공부를 잘한다고 해서 올바른 경제관념을 갖고 있는 것은 아니다. 또한 책만을 가지고 배울 수 있는 것도 아니다. 일상생활 속에서 분명 아이들은 이미 경제교육을 받고 있다. 용돈이 바로 그것이다. 따라서 무엇보다 부모는 평소 아이들의 용돈 관리에 각별히 신경을 써주어야 한다. 용돈을 잘 관리하는 아이들도 있지만, 대부분의 아이들은 규모 있는 용돈 관리를 하지 못하고 있다.

몇몇 부모에게 아이들이 가지고 있는 용돈에 관한 습관 중 가장 걱정되는 것이 무엇인지 물어본 적이 있다. 한꺼번에 용돈을 다 쓰는 아이, 무계획하게 쓰는 아이, 과소비하는 아이까지 부모들의 걱정은 많았다. 이런 아이들의 습관이 문제인 것은 지금의 습관이 성인이 된다고 해서 쉽게 바뀌지 않는다는 데 있다. 부모에게 받은 넉넉한 용돈을 무계획적으로 사용한 아이는 성인이 되어서도 무계획적으로 지출하게 된다는 것이다.

물론 많은 부모가 아이에게 부족하지 않은 수준에서의 용돈을 챙겨주고 싶어 한다. 상황에 따라 충분히 챙겨줄 때도 있고 그렇지 못할 때도 있다. 하지만 일부러 부족하게 챙겨주고자 하는 부모는 많지 않다. 그러나 부모가 넉넉한 용돈을 챙겨줄 때 한 가지 기억했으면 하는 것이 있다. 아이가 성인이 된 후에는 평균 수명이 100세가 넘게 된다는 사실이다.

현 시점에서 아이들에게 가장 필요한 것은 제대로 된 '경제관념'이다. 경제교육 관련 책을 읽어보게 하거나, 외부에서 진행되는 경제교육이나 경제캠프에 참여시키는 것도 좋은 방법이다.

그러나 그보다 더 중요한 세 가지가 있다.

첫 번째는 가정에서의 살아 있는 경제교육이다. 다른 곳에서 경제교육을 시키는 것도 중요하다. 하지만 가정에서의 실제 교육을 따라올 것은 없다. 이를 위해서는 우선 가정에서 아이 스스로가 자신의 용돈을 관리하고 저축할 수 있는 능력을 기를 수 있도록 관심을 기울여야 한다. 가정에서의 경제교육은 아이가 올바른 경제관념과 경제습관을 갖는 데 큰 역할을 해낼 것이다.

두 번째는 건강이다. 아이에게 자신의 건강을 지키는 일이 중요하다는 것을 알게 해주어야 한다. 이를 위해 부모는 인스턴트식품을 피하고 곡식과 야채를 가까이할 수 있도록 신경 써야 한다. 또 평소 운동을 습관화하도록 해야 한다. 이제는 100세 시대인 만큼 80세까지 일을 하기 위해 40~50대에 새로운 일을 찾아 제2의 취업을 준비해야 한다. 최근 '40대의 새로운 시작'을 주제로 한 책들이

 가치를 알아야 경제가 보인다

시중에 많이 나오고 있는 것도 이러한 사회적 모습을 반영하는 것이라 할 수 있다. 그런데 아무리 제2의 직업을 잘 준비했더라도 건강하지 않으면 소용없는 것이 되고 만다. 스스로의 건강을 지키는 일에 대한 책임감을 갖는 일은 밝은 미래를 준비하기 위한 필수과정이다.

세 번째는 바로 사람들과의 소통이다. 특히 어르신들과 소통이 가능한 사람으로 성장해야 한다. 1970년도에는 청년 17명이 노인 1명을 부양했다. 2011년도에는 청년 7명이 노인 1명을 부양했다. 그러나 2022년도에는 청년 4명이 노인1명을 부양해야 한다. 이는 총 인구에서 노인의 차지하는 비율이 20%라는 의미다. 2040년이 되면 청년 1명이 노인 4.4명을 부양해야 할지도 모른다고 한다. 때문에 오늘날의 국가는 복지를 중요한 국가 정책으로 삼고 있다. 따라서 우리 아이가 성인이 되었을 때 사회에 꼭 필요한 인물이 되게 하기 위해서는 어르신을 공경하고 어르신과 소통할 줄 아는 사람으로 키워야 한다.

빠르면 2020년부터 평균 수명이 100세에 이른다고 한다. 파워경제교육과 함께 100세 시대를 즐거운 마음으로 준비해보자!

미국 경제전문지 〈포브스Forbes〉는 '미국 부자 명단 The Forbes 400' 및 '백만장자 명단List of Billionaires'을 매년 발표한다. 2012년 발표한 세계 부자 서열에서 1, 2, 3위를 차지한 인물은 카를로스 슬림, 빌 게이츠, 워런 버핏이다. 이들에게는 현재 부자라는 것 외에도 어릴 때부터 철저한 경제교육을 받았다는 공통점이 있다.

세계1위, 카를로스 슬림(690억 달러)

카를로스 슬림Carlos Slim은 2010년도에 세계 최고의 부자 1위에 등극한 이후 3년째 정상을 차지하고 있는 카르소 그룹의 명예회장이자 멕시코의 통신재벌이다. 아메리칸 모빌, 카르소 글로벌 텔레콤 등의 기업을 소유, 경영하고 있다. 멕시코 통신 내수 시장 점유율 70%를 자랑하는 통신회사 텔셀과 보험, 은행 등 금융업을 다루는 인부르사 외에도 항공, 건축, 정유, 건설, 운송 등 거의 모든 부문의 사업을 하고 있다. 때문에 그가 소유한 기업들의 총 생산량은 멕시코 GDP의 5%나 될 정도다. '슬림제국'이라는 말이나 그를 '멕시코의 경제 대통령'이라고 부르는 것도 다 여기에 기인한다.

카를로스 슬림은 1940년 레바논계 멕시코 이민자 가정에서 태어났다. 아버지로부터 물려받은 40만 달러를 밑천으로 스물여섯의 나이에 부동산 사업에 진출한 것을 계기로 사업에 뛰어들었다. 그러던 중 1982년 멕시코에 외환위기가 일어났다. 이때 수많은 부자들이 멕시코에 대한 희망을 버리고 멕시코를 떠났다. 그러나 슬림은 멕시코가 살아남을 것이라는 소신으로 헐값에 기업들을 사들였다. 제조, 화학, 금융, 유통, 식품, 담배, 광산 등 업종을 가리지 않았고, 그 결과 지금 그가 보유한 기업의 수는 220여 개가 넘는다.

이후 멕시코 경제가 살아나면서 그가 사들인 기업들의 주가가 회복됨에 따라 급격히 재산이 증대했다. 특히 텔멕스는 주가 상승과 더불어 멕시코 전화시장을 독점하면서 매년 60억 달러를 벌어들이고 있는 효자기업이다. 이후 슬림은 남미 최대 이동통신회사인 아메리카모빌을 키워나가는 한편 금융, 타이어, 외식, 방송, 호텔 등으로 사업을 점차 확대했다. 그 결과 그의 카르소 그룹은 멕시코 경제의 모든 사업분야에 진출해 있다.

카를로스 슬림은 어릴 때부터 아버지로부터 경제교육을 받았고, 그로 인해 지금까지도 검소하게 생활하는 것으로 알려져 있다. 어느 날 어린 슬림의 아버지는 아들을 불러놓고 말씀하셨다.

"카를로스! 앞으로 매주 용돈을 줄 거란다."

"정말요?"

"그럼, 정말이지! 대신 용돈기입장에 네가 사용한 금액을 모두 적어놓도록 해야 한다."

어린 슬림은 잠깐 생각에 잠겼다.

"사탕을 사 먹어도 적어야 하나요?"

"당연하지. 네가 사용한 금액이라면 적은 금액이든 큰 금액이든 모두 적어놓아야 하는 거야."

아버지는 그날부터 아들에게 매주 5페소의 용돈을 주었다. 그리고 사탕 한 개 사 먹은 것까지 용돈기입장에 꼼꼼히 기록하게 했다. 이 과정을 통해 어린 슬림은 경제관념을 키울 수 있었다. 그리고 열두 살이라는 어린 나이에 멕시코은행의 주식을 매수하기 시작, 투자에 대한 경험을 쌓아나갔다. 이러한 과정을 통해 쌓은 그만의 뛰어난 경제 감각과 검소한 생활, 꼼꼼한 기록을 바탕으로 성인이 되었을 때는 기업인수에까지 손을 대기 시작했고, 그로 인해 사업을 더 크게 확장시켜 나갈 수 있었다.

지금도 카를로스 슬림은 자신이 부자가 될 수 있었던 이유를 "어려서부터 용돈기입장을 썼기 때문"이라고 말한다. 그리고 그는 지금까지도 돈의 들어오고 나감을 꼼꼼하게 기록하고 있다고 한다.

세계 2위, 빌게이츠 (610억 달러)

카를로스 슬림 때문에 2위로 내려가기는 했지만 마이크로소프트의 창시자, 세계 최고의 부자, 세계에서 가장 존경받는 리더 중 한 명인 빌 게

이츠Bill Gates의 영향력은 여전하다.

서른여섯 살이었던 1992년에 63억 달러로 미국 경제전문지 〈포브스〉가 선정한 백만장자 서열에서 1위를 차지했고, 다음 해인 1993년에는 워런 버핏에 이어 2위를, 그리고 다시 1994년에 1위에 복귀했다. 이후 13년 동안 줄곧 1위를 차지했다. 2008년 6월 27일 돌연 자선활동을 하겠다며 마이크로소프트사를 떠났다. 현재는 그의 뜻대로 자선가로, 그리고 작가로 활동하고 있다.

그가 세계 부호 중 한 명으로 이름을 알리게 된 데는 1967년 레이크사이드스쿨Lakeside School에 입학하면서부터 컴퓨터와 관계를 맺게 된 데 있다. 이곳에서 그는 마이크로소프트사의 공동 창업자가 될 폴 앨런Paul Allen을 만났다.

1974년 폴 앨런과 함께 다트머스 대학교에서 개발한 컴퓨터 프로그래밍 언어 베이직BASIC에서 아이디어를 얻어 소형 컴퓨터에 쓰일 새로운 버전 알테어 베이직Altair Basic을 개발했고, 1975년 대학을 중퇴하고 뉴멕시코 주 앨버커키에서 마이크로소프트사를 설립했다. 1981년 당시 세계 최대의 컴퓨터 회사인 IBM사로부터 퍼스널컴퓨터에 사용할 운영체제 프로그램 DOS 개발을 의뢰받은 것을 계기로 지금의 기틀을 마련했다. 특히 1995년에 출시된 '윈도 95'는 퍼스널컴퓨터 운영체제의 획기적 전환을 가져오면서 발매 4일 만에 전 세계적으로 100만 개라는 판매 대기록을 세우기도 했다.

빌 게이츠의 본명은 윌리엄 헨리 게이츠 3세William Henry Gates III다. 1955년 미국 워싱턴 주 시애틀에서 변호사의 아들로 태어났다. 은행장을 지낸 할아버지, 변호사 아버지, 교사 어머니를 둔 덕분에 부유한 환경에서 자랄 수 있었다.

어린 게이츠의 부모는 당신처럼 변호사나 교사를 하기를 바라지 않았다. 어린 게이츠가 원하는 것을 항상 믿고 지지해주었다. 하버드 대학교를 그만두고 당시 생소했던 소프트웨어 사업을 한다고 했을 때도 그의 부모는 아들을 믿어주었다. 심지어 사업자금을 보태주기까지 했다. 그리고 그를 격려했다. 부유한 환경에서 자라고 부모의 믿음 안에서 자란 빌 게이츠였지만 어렸을 때 순전히 자신의 노력으로만 컴퓨터를 샀다. 공짜로 얻을 수 있는 것은 없다는 부모의 지침 때문이었다.

최근 한 인터뷰에서 빌 게이츠는 "자녀들에게 용돈을 얼마씩 주고 있는가"라는 질문에 "매주 1달러씩 주고 있다"고 밝혔다. 미국의 열두 살에서 열일곱 살 사이의 아이들 일주일 평균 용돈이 17달러인 것에 비하면 형편없이 적은 금액이다. 대신 빌 게이츠는 "집안일을 도우면 그 대가를 주고 있다"고 했다. 아이들 스스로 자신이 사용할 돈을 직접 벌게 함으로써 자립심을 키워주고 있는 것이다. 그래서 아이들이 원하는 물건을 바로 사주지도 않는다. "노력 없이 물건을 쉽게 갖다 보면 스스로 세상을 살아갈 힘이 약해지기 때문"이라는 것이 그 이유다. 열다섯 살이나 된 큰딸 제니퍼에게 아직 휴대 전화를 사주지 않

가치를 알아야 경제가 보인다

은 것도 그 때문이라고 했다.

빌 게이츠는 자신이 그랬듯이 아이가 자립심을 키워나갈 수 있도록 해주는 것, 그것이 부모가 줄 수 있는 최상의 선물이라고 생각하고 있다.

세계 3위, 워런 버핏(440억 달러)

워런 버핏Warren Buffett은 1956년 100달러를 주식에 투자한 것을 시작으로 미국의 갑부 대열에 이름을 올린 인물이다. 가치 있는 주식을 발굴해 매입하고 이를 오랫동안 보유하여 큰 수익을 올리는 것으로 유명해서 '전설적인 투자의 귀재'라고 불리고 있다.

워런 버핏은 1990년대 신경제정책의 대두와 인터넷 관련 주가가 급격히 상승할 때 "1980년대의 일본처럼 미국 주식이 버블로 인해 터져 버릴 것"이라는 '버블론'을 강하게 주장했다. 이후 인터넷 주와 신경제에 대한 거품론의 확산으로 나스닥 시장은 하락하기 시작했다. 하지만 철저하게 기업이 내재하고 있는 가치만을 따져 투자종목을 선정했던 워런 버핏은 살아남을 수 있었다. 이로 인해 그의 평범한 투자원칙은 더욱 주목을 받게 되었다.

특히 버핏은 자신이 경영하는 벅크셔 해서웨이의 주주총회 때나 얼굴을 내밀 뿐 거의 외부 접촉을 하지 않은 채 대부분의 시간을 뉴욕에서 2천 킬로미터 이상 떨어진 자신의 고향 내브래스카 주 오마하에서 지낸다. 그럼에도 불구하고 주식시장의 흐름을 정확히 꿰뚫는다 해서 '오마하의 현인Oracle of Omaha'이라고도 불린다.

워런 버핏은 1930년 미국에서 증권 세일즈맨인 아버지 밑에서 태어났다. 워런 버핏 부모 또한 어린 시절 버핏에게 용돈을 적게 주며 부족한 용돈은 스스로 벌어서 충당하도록 했다. 여섯 살짜리 어린 버핏은 할아버지의 식료품점에서 직접 물건콜라을 받아서 팔았고, 이윤을 남겼다고 한다. 그 외에도 껌과 같은 식품 팔기, 신문 배달 등 안 해본 아르바이트가 없을 정도다.

이러한 성장과정을 거친 워런 버핏은 자녀교육에도 엄격했다. 워런 버핏은 아들이 돈이 아니라 좋아하는 일을 스스로 찾아가기를 바랐다. 또 그는 자신의 아들에게 이런 말을 종종 해주었다.

"은수저를 입에 물고 태어난 아이들은 등에 단검이 꽂히는 수가 있다."

미국에서는 부자집에서 태어났다는 표현을 "은수저를 입에 물고 태어났다"는 말로 표현한다. 이는 아버지의 돈과 재물이 아들에게 오히려 위험한 존재가 될 수 있다는 경각심을 갖게 했다. 또한 워런 버핏은 자신의 아들에게 많은 재산을 맡기지 않았다. 그의 아들인 피터 버핏Peter Buffett이 열아홉 살이 되었을 때 9만 달러 상당의 주식을 준 것이 전부다.

가치를 알아야 경제가 보인다

음악가가 된 피터 버핏은 대학교를 졸업한 후 샌프란시스코에서 악기를 놓기에도 빠듯한 작은 스튜디오를 구해 살았다. 지금도 대부호를 아버지로 둔 사람 같지 않게 검소한 생활을 하고 있다. 몇 년 전에는 《인생은 자신이 만드는 것Life is What You Make It》이라는 제목의 책도 발간했다. 이 책에서 그는 '억만장자의 아들로 태어났지만 혼자 힘으로 살아오면서 인생에서 가장 중요한 것이 무엇인지 깨닫게 됐다'고 회술하면서 그것은 '부나 명예보다 자신이 원하는 일에 열정을 쏟는 것'이라고 말한다.

피터 버핏은 말한다. "경제적 성공은 뜬 구름과 같은 것"이고, "진정한 가치를 추구하게 되면 결국 소중한 보상을 받게 된다"고…….

현재 피터 버핏은 〈늑대와 춤을Dances With Wolves〉 등의 영화음악 작곡, 지역 광고 및 텔레비전 프로그램의 음악을 작곡하면서 음악가로서 성공적인 삶을 살고 있다. 어머니 수잔 버핏Susan Buffett의 사망 후 많은 유산을 물려받았지만 그 돈은 대부분 자선사업에 쓰이고 있다.

파워경제교육으로 자녀교육 고민 해결!

삶의 과정 대부분이 경제활동이다
경제교육, 맞벌이 부부도 어렵지 않다
꿈을 향한 올바른 피드백
경제적인 시간 활용의 열쇠, 동기부여
두 마리 토끼를 잡는 경제교육

진정한 경제교육은 가정에서 시작되어야 합니다. 가정에서의 경제교육은 생각보다 어렵지 않습니다. 부모가 자녀에게 직접 삶의 지혜를 전해주는 것보다 더 좋은 경제교육은 없기 때문입니다. 생활 속에서 자녀에게 올바른 경제활동 피드백을 해주고, 또 자녀에게 꿈을 위한 동기부여를 해준다면 자녀는 스스로 행동하는 사람이 될 것입니다.

삶의 과정 대부분이 경제활동이다

이미 모든 가정에서 경제교육은 이루어지고 있다. 아니, 오래전부터 가정에서의 경제교육은 진행되었다. 단지, 그것의 이름을 '경제교육'이라고 콕 찍어 말하지 못했을 뿐이다. 우리는 경제와 밀접한 관계를 갖고 살아간다.

우리가 생활 속에서 마주하는 모든 것이 바로 경제활동이다. 아침에 일어나면 마트에서 사 온 칫솔과 치약을 사용하여 양치질을 한다. 그리고 주말에 백화점에서 산 옷을 입고 우리는 일터로 간다. 또한 동료들과 함께 맛있게 점심식사를 하고, 커피전문점에서 커피 한 잔을 구입해 여유롭게 마시기도 한다. 일을 마치면 헬스장에 가서 운동하고 집에 돌아와 텔레비전을 보면서 가족들과 함께 휴식한다. 모든 것들이 경제와 관련되어 있다. 이런 식으로 우리의 경제활동을 설명하자면 우리 삶의 일거수일투족을 모두 공개해도 부족할 정도다. 그만큼 많은 것들이 경제활동에 포함된다.

아이들은 이러한 부모의 평범한 일상생활을 보며 자란다. 부모의 평소 생활 속에서 보고 느낀 것을 자연스럽게 학습하는 것이다. 따라서 부모가 휴지를 함부로 사용한다면 아이 또한 연필이나 공책을 함부로 사용하고 버릴 것이다. 반면 부모가 휴지 한 장을 쓰더라도 아껴서 사용한다면 아이 역시 한 자루의 연필도 아껴 쓸 것이다.

나는 어려서 할머니와 함께 살았다. 그때 문방구에 가면 손바닥만 한 비닐봉투에 들어 있는 20개 내외의 고무줄을 100원에 살 수 있었다. 하지만 할머니는 너무나 흔하고 값어치 없어 보이는 고무줄도 함부로 버리는 일이 없으셨다. 고무줄이 생길 때마다 "언젠간 쓸 일이 있다"면서 정성스럽게 상자에 모으곤 하셨던 것이다. 물론 종이 한 장도 그냥 버리지 않으셨다. 내가 연습장을 조금 쓰다가 찢어버리기라도 하면 그것들을 한곳에 모아놓곤 하셨던 것이

가치를 알아야 경제가 보인다

다. 물론 그때의 나로서는 할머니를 이해할 수 없었다. 모두 푼돈으로 살 수 있는 것들이었으니까. 그런데 언젠가부터 나 역시 물건을 살 때 딸려 온 고무줄을 하나하나 모으고 있다. 종이도 쓸 만하다 싶으면 메모지로 사용하기 위해 모아둔다. 마치 우리 할머니처럼…….

아이들이 생활 속에서 부모의 모습을 보고 배우고 있다는 것은 아마 자녀교육을 하면서 상당 부분 이미 느끼고 있으리라 생각한다. 내가 강조하고 싶은 것은 과거 오래전부터 이미 우리의 가정에서는 부모가 경제교육을 해왔다는 사실이다. 단지 그것을 '경제교육'이라고 인지하지 못했을 뿐이다.

그런데 문제는 올바른 경제관념이 자리 잡힌 가정의 아이들은 특별한 '경제교육' 없이도 부모와 마찬가지로 올바른 경제관념을 갖게 되고, 그렇지 못한 가정의 아이들은(물론 그것이 부모의 의도는 아니었겠지만) 잘못된 경제관념을 갖기 쉽다는 것이다. 실제로 요즘 아이들의 소비습관과 저축습관을 보면 걱정스럽기만 하다. 이는 부모가 가정에서 경제교육이 이루어진다는 사실을 간과한 나머지 올바른 방향의 경제교육을 진행하지 못했던 탓이 크다.

사실 경제교육은 어려운 것이 아니다. 간혹 부모들은 경제적인 지식이 많은 사람이 경제교육을 해야 한다고 생각한다. 하지만 아이에게 올바른 경제관념을 심어주는 데는 실제로 그다지 많이 지식이 필요하지는 않다. 우리 삶의 과정 대부분이 경제활동이기 때문이다. 부모는 그동안 가정을 꾸려가면서 얻은 풍부한 경험과 지식을 아이들에게 자연스럽게 전해주면 되는 것이다. 물론 자신만의 노하우를 전수해줄 수도 있다. 단, 이런 교육은 부모에게 돈에 대한 가치관이 바르게 정립되어 있을 때 더욱 효과를 볼 수 있다. 이 책과 함께 하며 자신의 경제관념에 대해서도 점검하는 시간을 가져보길 바란다.

생활 속에는 경제교육과 관련된 다양한 사건들이 있다. 부모가 과소비를 하면서 자녀가 알뜰하게 용돈을 관리하기를 바라는 건 지나친 욕심이다. 이렇듯 부모의 소비습관, 절약습관, 저축습관 등은 자녀에게 고스란히 전달된다. 삶으로 보여주는 것이 가장 큰 교육이다. 경제교육도 마찬가지다.

경제교육, 맞벌이 부부도 어렵지 않다

시중에 나와 있는 경제교육 관련 책을 보면 주로 부모나 아이들이 보기에 쉽게 쓰여 있다. 어려운 경제용어가 많이 나오면 오히려 아이들에게 득이 되지 않기 때문이다. 그런데 부모들은 경제교육을 하기 위해서는 주식이니 채권이니 투자니 하는 전문적인 내용을 많이 알아야 할 것 같다는 부담을 느낀다. 그러다 보니 "나와 같은 비전문가는 경제교육을 하지 못할 것 같다"는 생각을 하게 된다. 하지만 우리 아이에게 올바른 경제관념을 갖게 하는 데 필요한 교육에는 전문가적 요소가 오히려 독이 될 수도 있다.

경제교육은 저축과 주식투자 등 개념을 이해하는 학습이 아니

라 바로 아이들이 성장하여 스스로 경제활동을 잘해낼 수 있는 능
력과 지혜를 얻는 데 포커스를 맞추어야 하기 때문이다.

경제교육은 넓은 의미로 일상생활교육이라 할 수 있다. 일상생활
에 대해서는 그 가정을 이끌고 있는 부모가 바로 전문가다. 일상생
활에서 실제로 하고 있는 경제활동에 대해 보여주고, 알려주면 된
다. 투자와 저축의 개념을 심어주는 것도 물론 중요하다. 하지만 일
상생활에 대한 관심 속에서 자연스럽게 습득하는 것이 더 중요하
다. 넓은 의미에서의 경제에 접근하고 나면 다른 것들은 자연스러
운 체험을 통해 배우게 된다. 우리가 살면서 느끼고 배운 순서대로
아이들에게 가르치는 것이 가장 자연스럽고 좋은 교육방법이다.

그런데 문제는 요즘 직장인들이 너무 바쁘다는 것이다. 대부분
의 맞벌이 부부들은 학교나 학원 등 교육기관에 아이를 맡긴다. 밤
늦게 만나는 탓에 아이의 숙제조차도 챙겨주기가 쉽지 않다. 이런
상황에서 경제교육에 할애할 시간을 따로 마련한다는 것은 현실적
으로 어려움이 있다.

하지만 앞에서도 말했듯이 시간이 없다고 걱정할 필요가 없다.
마트에 갔을 때 농산물 가격이나 주유할 때 기름 값에 대한 대화를
나누는 것으로도 충분하다. 학생들 졸업시즌에는 꽃 가격이 비싸
진다는 이야기도 좋다. 일상적인 대화만 잘해도 아이는 가격변동
에 대해 이해하게 된다. 그렇다고 일상생활 속에서 매번 '경제교육

을 시켜야 한다'는 부담을 가질 필요는 없다.

내 어머니는 장을 볼 때 일기예보를 참고하여 농산물 가격에 매우 민감하게 대응하셨다. 예를 들어 가뭄에 대비해 보관이 가능한 쌀이나 콩을 미리 구입하여 비축해놓곤 하셨던 것이다. 그런 어머니를 옆에서 보고 자라면서 나 역시 농산물 가격에 민감해졌고, 그 덕에 결혼 후 지혜롭게 살림을 꾸려나가고 있다. 물론 어머니가 특별히 경제교육을 하셨던 것도 아니고, 경제교육을 위해 일부러 그리하셨던 것은 아니었다. 하지만 마트에 함께 갔을 때 "이런 건 알아두면 좋아~"라고 말씀하시며 생활의 지혜를 알려주고자 마음을 쓰셨던 것만은 확실하다. 그 덕분에 어머니가 바라신 대로 나는 삶의 지혜를 얻게 되었다. 그리고 지금 이렇게 경제교육 책을 쓰고 있는 것도 다 어머니 덕분이라 할 수 있다.

진정한 경제교육이란 이런 것이 아닐까 싶다. 평소 대화를 통해서도 경제교육이 가능하다는 사실을 다시 한 번 마음에 되새기면서 일상생활 속에서의 삶의 지혜를 아이에게 나누어 주고자 하는 마음가짐을 갖기 바란다. 그 작은 실천 속에서 아이는 앞으로의 삶을 지탱해줄 지혜를 배울 뿐만 아니라 돈에 대한 올바른 가치관도 정립하게 될 것이다.

꿈을 향한 올바른 피드백

나는 경제교육을 진행할 때 지난 수업 내용을 아이들과 피드백하는 시간을 가진다. 또 교육의 마지막 시간에는 그동안 배운 경제개념들을 정리하여 물어보고 답하는 피드백게임을 진행한다. 아이들은 놀라우리만치 정확하게 어려운 가격변동의 원리나 경제개념들을 기억해낸다. 그것들을 실생활에 적용하는 방법까지도.

내가 진행하는 파워경제교육 프로그램은 딱딱한 이론의 설명보다는 놀이나 체험활동을 통해 개념을 이해시키는 방식으로 진행된다. 때문에 장난꾸러기 친구들도 잘 참여해준다는 장점이 있다. 그렇다고는 해도 마지막 시간의 피드백게임에서 대부분의 아이들이 또랑또랑한 대답을 하는 것을 듣고 있자면 왠지 모를 뿌듯함이 느껴지는 것이 사실이다.

더불어 아쉬움도 남는다. 나와 만나는 시간이 짧기 때문이다. 그래서 가정에서도 경제교육이 지속되었으면 하는 바람이 있다. 나와의 프로그램을 완수한 뒤에 가정에서 올바른 경제교육을 받는다면 그야말로 완벽한 교육이 이루질 것이다.

피드백에서는 경제개념에 대한 것과 경제활동에 대한 것 모두가 중요하다. 강의실에서 하는 프로그램은 경제개념을 심어주는 데 비교적 수월하고 효과적이다. 그러나 아이들과 24시간 함께 할 수 없기 때문에 용돈 관리 등 아이들이 실제로 하고 있는 경제활동에 섬세한 피드백을 해줄 수가 없다. 저축통장을 만들어서 아이들이 매월 저축을 할 경우 칭찬을 해주는 정도다. 또한 용돈기입장을 써 온 아이들에게 용돈기입장을 더 효과적으로 활용할 수 있는 방법에 대해 알려줄 수 있을 뿐이다. 하지만 그 정도만으로도 아이는 어릴수록 내 뜻을 잘 받아들이고 실생활에 적용하려고 애쓴다. 여기에 가정에서의 경제활동교육까지 이루어진다면 효과는 배가 될 것이다.

그러나 문제는 아이의 용돈 관리에 신경을 쓰는 가정이 생각보다 많지 않다는 데 있다. 아이가 용돈이 부족해서 곤란한 상황에라도 처하는 것이 아닐까, 하는 마음 때문인지 대부분 형편이 허락하는 선에서 비교적 넉넉한 용돈을 주고 있다. 하지만 용돈의 일부를 저축과 기부하는 데 사용하는 등의 용돈 관리에 대해서는 큰 관심을 두지 못하고 있다. 때로 아이의 씀씀이를 보면서 걱정도 하지만 '설마' 하는 마음으로 그냥 지켜보기만 한다. 그러다 보니 어릴 때의 잘못된 소비습관이 성인이 되어서도 고스란히 남고 만다. 성인이 된 후에는 피드백을 해도 소용이 없다. 어려서 저축과 기부, 그리고 '소비의 절제'를 배우지 못한 아이들이 성인이 되었을 때 과연 돈에 대한 관리를 잘할 수 있을까? 화려한 텔레비전 광고를 보면서 자연스럽게 주머니를 열고, 꼼꼼히 저축하기보다 신상품을 사기에 급급하게 될 것이다.

처음부터 잘하는 사람은 없다. 잘못한 것이 있으면 때때로 혼나기도 하고, 주의를 받기도 한다. 또 대화로 풀어나갈 수도 있다. 그러한 과정을 통해 아이들이 변화하게 되는 것이다. 경제교육은 윤택한 삶을 만드는 데 기초가 된다. 성공과도 떼려야 뗄 수 없다. 돈을 흥청망청 쓰는 사람이나 돈 자체에 인생의 목적을 둔 사람은 일시적인 성공을 이룰지는 몰라도 진정한 의미에서의 성공은 이룰 수 없기 때문이다.

피드백을 할 때 가장 중요한 것은 부자, 대학, 직업 등이 목적이 되지 않도록 해야 한다는 것이다. 예를 들어 "저축을 잘해야 부자가 되는 거야", "공부 잘해야 일류 대학에 갈 수 있어"와 같은 말은 지양해야 한다. 돈이나 대학이 인생의 목표가 되는 아이로 만들 수 있기 때문이다.

가장 좋은 피드백은 아이 안에서 찾아주는 것이다. 아이의 꿈을 지지해주면서 "저축을 잘해야 나중에 꿈을 이룰 때 도움이 된단다"라거나 "돈이 없으면 꿈을 이루기 위해 배워야 하는 것도 배울 수가 없단다"라고 이야기해주는 것이다. 즉, '부자가 되기 위한 저축'으로 설명하는 것과 '자녀의 꿈을 이루기 위해 필요한 저축'으로 설명하는 것의 결과는 전혀 다르게 나타나게 된다.

경제적인 시간 활용의 열쇠, 동기부여

시간은 살아 있는 사람이 누리는 특권이다. 또 살아 있기에 시간이 의미가 있다. 그리고 주어진 시간을 효율적으로 활용하느냐가 바로 성공의 열쇠가 된다. 즉, 시간 관리를 잘해야만 성공할 수가 있는 것이다. 그래서 만약 아이가 시간 관리를 잘한다면 그 아이는 이미 성공으로 향해 있는 지름길에 들어섰다는 의미이기도 하다.

그런데 현실은 희망처럼 밝지만은 않다. 지금 우리 아이들은 스마트폰이나 컴퓨터를 이용한 게임에 많은 시간을 할애한다. 게임을 하는 시간을 가장 행복하게 느끼며 밤을 새우는지도 모를 정도로 푹 빠져 있다. 학교와 학원만을 오가는 아이들에게 게임만이 유일한 기쁨이 되어버린 지 오래다. 게임중독을 걱정할 정도다. 그만하라는 부모의 말은 잔소리로밖에 들리지 않는다. 그러다 보면 어느새 부모와 자녀 사이에 언성이 오간다.

게임의 함정에 빠진 아이들에게 잔소리는 통하지 않는다. 그들에게는 컴퓨터게임보다 그들이 집중할 수 있는 새로운 가치가 필요하다. 그 가치는 아이들을 설레게 해야 하고, 또 아이들을 행동하게 만드는 가치여야 한다. 게임에 빠지기 전에 이러한 가치를 먼저 심어준다면 더없이 좋다. 하지만 비록 게임에 빠져 있다 하더라도 실망할 필요는 없다. 일단 시작이 중요하다. 그리고 기다려주는 인내가 필요하다. 이러한 과정의 바탕에는 자녀에 대한 '믿음'이 있어야 한다.

그렇다면 아이들에게 필요한 가치란 무엇일까? 바로 꿈이다. 꿈을 가진 사람이 '시간 관리'에 열정을 갖게 되는 것은 당연하다.

초등학교 때 공부에 취미가 별로 없어 보이던 딸을 걱정한 한 사람이 있었다. 그는 딸이 중학교에 입학할 즈음 구체적인 꿈이 무엇인지 물어보았다. 딸은 "선생님이 되고 싶다"고 했다. 그때 그는

"꿈을 이루려면 공부를 더 열심히 해야 한단다"라고 말해주며 종종 딸의 꿈을 응원해주었다고 한다. 그 후 딸은 열심히 공부했고, 중학교 첫 시험에서 전교 1등을 했다. 또한 중·고등학교를 우수한 성적으로 졸업했고, 당당히 명문대 영어교육과에 입학했다. 모든 사람에게 이러한 사례가 적용되지는 않겠지만, 중요한 것은 자신의 진정한 꿈과 만난 사람은 행동하지 말라고 해도 행동하게 된다는 점이다. 그래서 꿈이 있는 사람에게 시간 관리는 자연스럽게 따라온다.

공부할 마음이 없는 사람에게 공부를 하라고 말하는 것은 소귀에 경 읽기와 같다. 하지만 그 사람에게 꿈을 심어주면 동기부여가 되어 행동하게끔 만들 수 있다. 계획을 세워 실천하게 하고, 자투리 시간을 활용하게 한다. 즉, 경제적으로 시간을 활용하게 만드는 것이다. 이는 아이들을 성공의 지름길로 인도해준다.

다음은 《책읽기의 즐거움》이라는 책에서 소개된 공병호 박사의 시간 관리 십계명이다.

1. 시간은 무기다.
2. 시간은 계획되어야 한다.
3. 시간은 기록되어야 한다.

 가치를 알아야 경제가 보인다

4. 시간의 사용은 점검되어야 한다.

5. 시간 생산성을 측정하라.

6. 자투리 시간을 중시하라.

7. 미래를 위한 시간을 확보하라.

8. 합리적으로 인맥을 관리하라.

9. 주말 경쟁력을 높여라.

10. 심리적 시간을 창출하라.

이와 비슷한 내용들이 시간 관리, 자기 관리 등을 다룬 책에 많이 소개되어 있는데, 꿈이 있는 사람의 마음에는 이러한 내용이 큰 운동력으로 다가온다. 그만큼 시간을 관리하기 위해 스스로 노력하게 되는 것이다.

초콜릿이나 사탕에 길든 아이들은 밥을 잘 먹지 않는다. 달달한 빵이나 음료수로 끼니를 때우려 든다. 일단 길든 입맛은 쉽사리 바뀌지 않는다. 밥이 건강에 훨씬 유익한데도 말이다. 마찬가지로 게임 맛과 텔레비전 맛에 익숙해진 아이들이 꿈 맛에 익숙해지는 것은 결코 쉬운 일이 아니다. 또 그렇게 되기까지 오랜 시간이 걸린다. 하지만 일단 가치를 알고 나면 게임을 하거나 텔레비전 보는 시간을 아까워한다.

그러나 한두 번의 경험이 올바른 가치관으로 깊게 뿌리내릴 수는 없다. 아이는 중간중간 마음속으로 결투를 벌이기도 할 것이다. 때로는 지기도 하고 때로는 이기기도 할 것이다. 하지만 그럴 때마다 부모가 나침반 역할을 해준다면 아이는 경제적인 시간 관리를 통해 성공의 지름길에 들어서게 될 것이다.

가치를 알아야 경제가 보인다

두 마리 토끼를 잡는 경제교육

우리의 삶에서 경제활동은 거의 대부분이라고 해도 과언이 아닐 만큼 많은 부분을 차지한다. 이러한 이유로 경제관념을 배움과 동시에 삶의 지혜까지 배워야 한다는 것은 너무나 자연스럽고 당연한 이치다.

아이에게 경제관념과 함께 삶의 지혜를 알려주려면 어떻게 해야 할까? 나는 강의실에서 아이들을 대상으로 투자에 대해 교육할 때 워런 버핏의 삶에 대해 함께 이야기를 나눈다.

먼저, 워런 버핏이 100달러로 440억 달러의 재산을 만들었다는 이야기를 들려준다. 이때 워런 버핏이 어떻게 100달러를 440억 달러로 만들었는지에 대해 우리는 집중해야 한다. 워런 버핏은 증권회사에 다닌 아버지 영향으로 여덟 살 때 주식투자에 관한 책을 탐독하고 고등학교 때까지 경제관련 서적을 100권 이상 읽어 전문가의 수준으로 대학교에 입학했다. 또한 어느 날 코카콜라를 처음 마신 후 '세계적인 음료가 될 것'이라는 생각을 했고 곧바로 코카콜라 주식을 사 모아서 엄청난 수익을 거뒀다. 이러한 이면에는 워런 버핏의 주식투자에 대한 남다른 감각과 더불어 노력이 있었다는 사실을 기억해야 한다. 솔직히 주식투자의 결과는 확률적으로 성공보다는 실패로 이어지기가 훨씬 쉽다는 것을 모두 알고 있다. 그럼에도 불구하고 큰 수익을 기대하고 막연한 투자를 하는 사람들이 의외로 많이 있다. 그러나 어려서부터 이러한 교육을 받은 사람은 투자를 하기 위해서는 기본지식을 갖추는 것이 중요하다는 점을 안다. 때문에 한순간의 욕심으로 무모한 주식투자를 선택하는 일을 피해 갈 수 있다.

그 다음, 워런 버핏의 겸손한 삶의 자세에 대해 이야기해준다. 워런 버핏이 평소에도 기부를 실천하고 있다는 것은 이미 잘 알려진 사실이다. 또한 최근에는 사후에 자신의 재산을 사회에 환원하겠다고 밝혔다. "미국인이었기에 미국이라는 나라의 주식으로 큰

돈을 벌 수 있었으므로 그것은 나의 것이 아니"라는 것이 사회 환원의 이유라고 했다.

미국의 지수는 40~50년 전 500포인트에서 1천 포인트 사이에서 오르내렸다. 그러던 것이 경제 성장과 함께 80년대 중반부터 2000년도까지의 10여 년 동안 1만3천 포인트까지 성장했다. 워런 버핏도 그 시대를 산 미국인이었기 때문에 큰 수혜를 본 것은 사실이다. 그러나 미국인이었다는 것에 감사하며 미국을 통해 번 돈을 미국에 돌려준다는, 즉 사회에 전 재산을 환원한다는 것은 결코 쉬운 일이 아니다. 근본적으로 겸손한 마음 자세가 있지 않고서는 불가능한 일일 것이다.

어떤 사물을 볼 때 열매가 아닌 뿌리를 바라보는 훈련은 매우 중요하다. 워런 버핏을 바라볼 때 엄청난 주식투자의 대가라는 열매에 집중하기보다는 검소한 생활과 꾸준한 기부활동을 하는 그의 겸손한 삶의 자세를 바라보아야 하는 이유가 바로 여기에 있다.

아이들이 열매 위주의 교육에서 벗어나 뿌리 중심의 교육을 받는다면 일석이조가 아니라 일석삼조의 교육적 효과를 얻을 수 있을 것이다.

자립의 원칙, 무일푼의 철학

지구에는 약 60억 명의 사람들이 살고 있는데 그중의 1천700만 명, 즉 약 0.2∼0.3%가 유대인이다. 수치상으로만 보면 소수민족일 뿐이다. 또한 역사적으로도 유대인은 가나안에서 추방된 뒤 영토를 잃은 채 세계 각지에 흩어져 수모를 참고 견뎌야만 했다. 그리고 그 정점이 바로 제2차 세계대전의 유대인 대학살이라 하겠다.

그러나 소수민족인 유대인이 역사적·사회적으로 끼친 영향력은 대단하다. 미국 억만장자의 40%, 역대 노벨상 수상자의 30%가 유대인이라는 점에서도 그 사실을 확인할 수 있다. 이는 국토를 잃은 후 생긴 오직 스스로 살아남아야 한다는 자립심에서 기인한 결과다.

살아남아야 한다는 신념이 강한 그들은 자녀들이 어릴 때부터 자립심을 갖도록 교육한다. 그 덕분에 유대인들은 가정에서의 경제교육에 남다른 노하우를 가지고 있다. 어릴 때부터 돈에 관한 철학을 익히게 하고 장사의 원리를 가르쳐 자립할 수 있는 힘을 스스로 비축하게 한다. 그리고 그 바탕에는 언제나 무일푼의 철학이 있다.

무일푼의 철학이란 '부모가 자식에게 유산돈을 물려주지 않는다'는 것을 기본으로 하고 있다. 즉, 무일푼의 상태에서 스스로의 노력을 통해 목돈을 만들고 여기에 새로운 아이디어를 더하여 각 분야에서 성공을 거두기를 바라는 것이다.

무일푼의 철학은 참 위대하다. 종잣돈 없이 돈을 벌기 위해 그 누구도 시작하지 않은 분야를 찾아서 개척하기를 권하기 때문이다. 유대인은 큰 부를 안겨줄 수 있는 아이템은 그 누구도 시작하지 않은 데 있다고 생각한다. 또한 그것이 오히려 실패할 가능성보다 성공할 가능성이 높다고 믿는다.

역사적으로도 유대인들은 다른 사람들이 실패한 분야에서 자기의 길을 찾거나 아무도 시작하지 않는 분야를 찾아 도전했다. 그 결과 유대인은 전 세계 자본주의의 중심에 우뚝 서게 되었다. 대표적인 인물로는 소로스 펀드 매니지먼트 회장 조지 소로스George Soros, 미국의 경제학자이자 경제관료인 앨런 그린스펀Alan Greenspan, 인텔의 최고경영자였던 앤드류 그로브Andrew S. Grove 등이 있다. 이들 모두 무일푼에서 시작했다.

헝가리 태생의 유대인으로 인텔 전 회장이자 《승자의 법칙Paranoid Survive》의 저자이기도 한 '앤드류 그로브'는 스무 살 때 오스트리아를 거쳐 무일푼으로 미국으로 이민을 갔다. 뉴욕시립대학에서 화학을 전공했으며, 대학을 수석으로 졸업했다.

그는 자신의 저서를 통해 '성공한 기업은 으레 멸망의 씨앗을 내포하고 있다'고 말한다. 사업이 번성하면 소문이 많이 나게 되고, 그러면 많은 사람들이 그 분야로 뛰어들게 된다. 그러나 그런 사람들이 늘어날수록 경쟁은 날로 치열해질 것이고, 결국 뒤늦게 뛰어든 사람들이 차지할 수 있는 몫은 남지 않을 것이 당연하다. 그러나 이런 유대인들과는 다르게 우리나라의 많은 사람들은 다른 사람이 성공한 분야에 뛰어드는 것을 지향한다. 이는 그 분야를 성공의 지름길이라 여기기 때문이다. 그러나 그 결과는 기대에 미치지 못할 때가 훨씬 많다.

시대의 큰 흐름을 읽는 지혜

시대는 이미 새로운 것을 향해 방향 전환을 하고 있는데 우리의 시선은 다른 이들의 성공에 고정되어 있는 경우가 대부분이다. 시대의 큰 흐름을 읽지 못하고 다른 사람의 성공만 좇아가는 것은 위험한 일이다. 즉, 구체적인 꿈을 설정하기 전에 시대의 큰 흐름을 읽어야 한다.

시장의 큰 흐름을 읽지 못한 채 주식투자를 하게 되면 실패할 확률이 높다. 한 예로 1년 내내 오른 종목이 계속 좋다는 전망만 믿고 그 주식을 매수할 경우 최고로 높은 가격에 매수하게 되는 경우가 많다. 반면 3년째 제자리걸음이었던 기업이 갑자기 회생하여 주가가 급등하는 경우도 있다. 제자리걸음이었을 때 주식을 매수했다면 많은 이익을 보는 것은 당연한 일이다. 하지만 군중심리라는 것이 그것을 쉽게 허락하지 않는다. 그저 시장의 큰 흐름을 먼저 읽는 소수의 사람에게, 또는 3년 동안 어려움을 겪고 있는 회사에 대한 가능성을 먼저 발견한 소수의 사람들에게만 큰 수익의 기회가 허락된다. 이처럼 군중

심리를 냉정하게 바라보고 미래를 정확하게 예측할 수 있다면 삶에 있어서도 실수를 줄일 수 있을 것이다.

인생의 방향을 결정할 때도 역시 시대의 큰 흐름을 읽는 지혜는 매우 중요하다.

요즘 아이들은 대체로 열심히 공부를 하는 것으로 미래를 준비한다. 그러나 그 노력만큼 일자리는 보장되어 있지 않다. 대부분의 인기 직종은 이미 인력포화 상태이기 때문이다. 이러한 시기에 노력을 헛되게 하지 않기 위해 내가 잘할 수 있고, 새로운 가능성이 있는 것을 찾아야 한다.

1인 기업의 시대가 시작되었다고 한다. 개인 브랜드의 시대라고 하기도 하고 프리에이전트의 시대라고도 한다. 표현은 달라도 모두 '어떤 조직의 구성원'으로서가 아닌 '1인 기업가로서 스스로 자신의 미래를 책임지는 주체'의 의미를 내포하고 있다. 이는 특정 기업에 소속되는 것에 큰 의미를 부여하지 않는 세상이 되어가고 있다는 뜻이기도 하다.

물론 여기에는 이유가 있다. 과거에는 한번 입사를 하면 퇴직을 할 때까지 직장생활을 이어나갔다. 그러나 지금은 40대 중반을 넘기기가 어렵다. 그러다 보니 1인 기업으로 성공하고자 하는 사람들이 점차 많아지고 있는 것이다.

하지만 1인 기업을 선택하는 것은 그리 쉬운 결정이 아니다. 우선

고정적인 수입월급을 포기해야 한다. 또 자기가 좋아하고 잘할 수 있는 분야가 뚜렷해야 한다. 그 분야에 대한 전문성을 확보하는 것도 빼놓아서는 안 된다. 그리고 나의 재능이 미래 사회의 필요를 채워줄 수 있는지에 대한 확신도 필요하다.

이미 우리에게는 앞으로의 사회에 대한 많은 전망이 있다. 그리고 그 전망에 따른 대책들에 관심이 증폭되고 있다. 중국이 미국보다 강대국이 될 것이라는 예측과 이를 위한 대비, 100세 시대를 눈앞에 두고 노인복지에 대해 관심, 갈수록 심각해지는 환경문제에 대한 해결책 등이 그것이다. 먼저 이러한 분야에 관심을 가져보는 것은 물론, 현재에는 다소 관심 밖의 대상이지만 미래에는 필요할 것으로 예상되는 분야에도 관심을 가져야 한다. 이는 유대인의 무일푼의 법칙과 맥락을 같이한다. 그리고 미래의 요구를 충족시켜 주기 위해 자신의 재능을 어떻게 새로운 브랜드로 승화시킬 것인지에 대해 꾸준히 준비하고 노력해야 한다.

시대의 큰 흐름을 간과한 채 과거를 바라보며 오늘을 준비하는 착오가 반복되지 않기를 바란다.

가치를 알아야 경제가 보인다

행복한 부자로 만드는 파워경제관념 7

이제부터 파워경제교육의 강의실로 여러분을 초대하고자 합니다. 아이들에게 전하는 7가지 파워경제관념을 통해 아이들에게 정말 중요한 경제관념이 어떤 것인지 정리해 보기 바랍니다. 또한 가정에서 7가지 파워경제관념을 아이들에게 어떻게 전해야 할지 에 대해서도 생각해보는 시간이 되길 바랍니다.

경제는 우리와 한 가족

나는 아이들과 프로그램을 진행할 때 첫 시간에는 '경제는 우리와 한 가족'이라는 주제를 다룬다. 아이들에게 '경제'는 쉽지 않은 단어다. 그래서 보다 친숙하게 다가가기 위해 '경제는 내 친구'라는 용어를 자주 사용하는데 우리의 삶과 경제는 친구보다도 더 가까운 관계라는 생각도 들곤 한다.

실제로 우리는 경제와 떨어져서는 하루도 제대로 살 수 없다. 사람과의 모든 관계와 의식주를 포함한 우리들의 일상생활이 바로 경제와 관련이 깊기 때문이다. 따라서 우리의 삶과 경제는 날마다 동고동락해야 하는 가족과 같은 관계인 것이다.

그럼 어떻게 해야 경제가 우리 일상과 밀접하다는 것을 생생하게 느끼게 해줄 수 있을까? 내가 선택한 방식은 바로 '일기'를 통한 접근이다. '민주의 일기'를 아이들과 함께 읽어보고 토론하는 과정을 거치는 것이다. 다음에 나오는 '민주의 일기'는 프로그램을 위해 가상으로 작성한 것이다. 내용은 얼핏 보아서는 경제와 무관한 평범한 초등학생의 일상으로 채워져 있다.

나는 아이들에게 다음의 일기를 읽게 한 후 경제와 관련되어 있는 것에 밑줄을 그어보라고 한다.

민주의 일기

▲▲년 ○월 ★일 맑음

나는 오늘 아침에 일어나서 텔레비전을 봤다. 엄마가 씻고 밥 먹고 준비하고 학교 가야지 하셔서 텔레비전이 더 보고 싶었지만 엄마가 시키는 대로 했다. 오늘 아침 식사는 잡곡밥에 된장찌개, 그리고 생선이었다.

엄마는 작년 봄에 구입했던 점퍼를 꺼내주시며 입고 가라고 하셨다. 또 학교 준비물을 사라고 3,000원도 주셨다. 돈이 남으면 용돈으로 쓰라고 하셔서 기분이 좋았다. 준비물을 사고 1,000원이 남아서 떡볶이를 사 먹었다.

경제라는 단어 자체도 생소한데 어떤 아이의 일기 속에서 경제와 관련된 것을 찾으라고 하니 아이들은 다소 머뭇거리기도 한다. 그러다가 간혹 용돈, 저축 등의 단어에 밑줄을 긋고는 "선생님, 다 했어요!"라고 외치며 뿌듯한 표정으로 나를 바라본다.

"지연이 다했어요? 총 몇 개 찾았어요?"라고 물어보면 지연이는 "다섯 개요!" 하면서 빙그레 웃는다. "지연이는 다섯 개를 찾았군요! 잘했어요! 혹시 다섯 개 넘게 찾은 친구 있어요?"라고 물으면 간혹 한두 명만 손을 든다.

이처럼 대부분의 아이들은 용돈, 저축, 준비물과 관련된 부분에만 밑줄을 긋는다. 하지만 가장 먼저 체크해야 할 것은 텔레비전이다. 텔레비전은 경제구조 안에서 만들어지고, 이동되고, 판매되는 과정을 거치기 때문이다. 여기에서 '만들어진다', '이동한다', '판매·구매한다'의 3단계 과정을 거치는 것은 모두 경제와 관련이 있다. 이것을 설명해주면 그제야 아이들은 쉽게 이해하기 시작한다.

그리고 다시 강의실에 경제와 관련된 것이 무엇이 있는지 물어보면 아이들은 초롱초롱한 눈빛으로 책상, 의자, 옷, 안경, 머리핀,

필통 등 많은 것들을 대답한다. 이때 내가 "가장 중요한 것이 하나 빠졌네요! 그것은 무엇일까요? 과연 돈을 주고 사는 물건만 경제와 관련이 있을까요?"라고 물으면 잠시 정적이 흐른 뒤 한 아이가 손을 번쩍 들어 "나 자신!"이라고 대답한다. 그렇다. 바로 나 자신을 포함하여 엄마, 아빠 등 경제활동을 하는 모든 사람들은 경제주체가 된다. 경제활동에서 '사람'은 가장 주요한 요소인데, 이는 사람이 없으면 경제활동 자체가 이루어질 수 없기 때문이다. 이 원리를 적용하면 민주의 일기는 더 많은 밑줄로 채워진다.

민주의 일기

▲▲년 ○월 ★일 맑음

나는 오늘 아침에 일어나서 텔레비전을 봤다. 엄마가 "씻고 밥 먹고 준비하고 학교 가야지" 하셔서서 텔레비전이 더 보고 싶었지만 엄마가 시키는 대로 했다. 오늘 아침 식사는 잡곡밥에 된장찌개, 그리고 생선이었다.

엄마는 작년 봄에 구입했던 점퍼를 꺼내주시며 입고 가라고 하셨다. 또 학교 준비물을 사라고 3,000원도 주셨다. 돈이 남으면 용돈으로 쓰라고 하셔서 기분이 좋았다. 준비물을 사고 1,000원이 남아서 떡볶이를 사 먹

있다.

그런데 생각해보니 용돈을 절약해서 저축도 하고 기부도 하라고 하신 엄마 말씀을 오늘도 지키지 못했다. 곧 있으면 아빠 월급날이다! 용돈 받으면 그땐 꼭 해야지.

이러한 내용을 함께 나눈 뒤 "경제는 우리와 한 가족이다!"라고 말해주면 아이들에게서 시작할 때의 막연함이 사라진다는 것을 느낄 수 있다. 아이들은 '경제가 우리 가족과 뗄 수 없는, 긴밀한 관계를 맺고 있다'는 것을 이해할 뿐만 아니라 '경제'를 더욱 친숙하게 받아들인다. 우리의 일상생활이 바로 경제라는 것을 이해하는 것, 그것은 아이가 전반적인 삶에 대해 애착을 갖고 그 안에서 살아가는 방법을 배우는 첫 걸음이라 할 수 있다.

마지막으로 나는 아이들에게 "원활한 경제활동을 위해서는 무엇이 중요할까요?"라고 질문하면서 경제주체들 간에 원활한 관계를 맺고 살아가는 것이 무엇보다 중요하다고 말해준다. 이는 파워경제교육이 전하는 첫 번째 파워경제관념이기도 하다.

※본 프로그램을 가정에서 진행할 수 있도록 139페이지(민주의 일기 엿보기)에 자세하게 설명해놓았습니다.

인류 3대 발명품 중 하나, '돈'

민주의 일기에서의 돈은 네 가지 형태로 나타난다. 소비, 소득, 저축, 기부가 그것이다. 준비물을 사는 행위에 사용하는 돈은 '소비', 아버지가 한 달 동안 일하고 받은 월급으로서의 돈은 '소득', 돼지저금통에 넣는 돈은 '저축', 어려운 이웃을 위해 돕는 돈은 '기부'인 것이다. 아이들도 이 네 가지 돈의 형태에 대해서는 쉽게 이해한다.

그렇다면 돈은 언제, 왜 생겨났을까? 돈은 수레바퀴와 더불어 인류 3대 발명품 중 하나다. 역사는 무려 3천 년이나 된다.

　　최초의 화폐로는 조개가 사용되
었다. 그러다 쉽게 깨지는 점, 흔한
점 등으로 인해 금속화폐에게 자리
를 내주고 말았다. 금속화폐 역시
무겁다는 단점이 대두되면서 1천

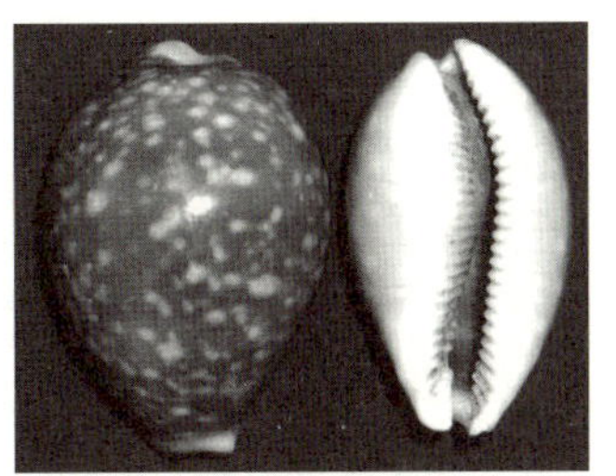

최초의 화폐, 카우리 조개

년 전쯤부터 지폐를 사용하게 되었다. 이제는 수표나 신용카드가
더불어 사용되고 있으며, 결제 기능이 추가된 핸드폰 등 다양한 전
자화폐가 사용되고 있다.

　　나는 수업을 시작하기 전, 아이들에게 카우리 조개 사진을 보여
주며 "이것은 무엇일까요?"라는 질문을 한다. 아이들은 모두 "조
개"라고 대답하지만 그것은 정확한 답이 아니다. 경제교육 시간이
니 조개가 '돈'일수도 있다는 생각을 떠올린 영악한 한 아이는 "돈
이요!"라고 외치기도 한다. 이로써 아이들은 최초의 화폐가 조개화
폐였다는 사실을 새롭게 알게 된다.

　　그 다음 물물교환놀이와 조개화폐놀이를 진행한다. 물물교환놀
이는 각자 필요한 물건을 친구들과 바꾸게 하는 것이고 조개화폐
놀이는 "최초의 화폐는 조개"라는 설명과 함께 조개로 필요한 물
건을 사게 하는 것이다. 이때 아이들은 물물교환보다 조개화폐로
물건을 구입하는 것이 훨씬 편리하다는 것을 알게 된다. 놀이를 진

행하던 중 어느 날에는 조개화폐놀이를 하던 한 아이가 "선생님! 조개가 깨졌어요!"라고 걱정스런 눈빛으로 이야기하기도 한다. 그러면 나는 "괜찮아요. 실제로도 조개가 이렇게 깨지다 보니 화폐로 사용하는 데 어려움이 있었던 거예요"라고 말해준다. 잘 부서지고 바닷가에 너무 많아서 조개를 화폐로 사용하는 데 문제가 있다는 것을 놀이를 통해 자연스럽게 알게 하는 것이다.

그리고 교통수단의 미발달로 각 나라마다 이동이 쉽지 않았던 탓에 나라마다 돈의 형태나 가치가 달라졌다는 점을 알려준다. 그런 다음 실제로 사용되고 있는 여섯 나라의 화폐를 관찰하는 시간을 갖게 하는데, 이로써 현재의 돈이 어떤 모습인지를 분석하게 하는 것이다. 내가 주로 사용하는 화폐는 한국, 미국, 중국, 일본, 유로화, 베트남, 이렇게 여섯 개국의 화폐다. 아이들은 신기해 하며 만져보기도 하고 뒤집어보기도 한다.

수업이 끝날 때는 아이들에게 1달러씩을 선물하면서 미국의 1달러는 우리나라 돈으로 1천 원 정도의 가치라는 것과 그 차이가 환율이라는 것을 설명한다. 또한 현재의 1달러의 가치_{환율}를 알려준 후 교육 마지막 날의 가치가 얼마나 되는지 함께 확인하면 자연스럽게 환율 변동도 익히게 된다.

한편 각국의 돈을 나눠 준 후 아이들로 하여금 돈을 관찰하고 보이는 것을 그대로 적어보라고 한다. 예를 들어 1천 원짜리 지폐를

나눠 주면 아이들은 퇴계 이황의 사진, '1000'이라는 숫자 등을 찾을 것이다. 실제로 아이들은 숫자, 은행의 명칭, 위인의 얼굴, 꽃 등 돈에서 많은 것들을 찾아낸다.

그러면 나는 한국 돈은 한국은행에서만 발행하므로 한국은행이라고 쓰어 있다는 것, 1달러에 있는 링컨은 그 나라의 큰 업적을 남긴 대통령이라는 것, 엔화 뒷면에 있는 벚꽃은 일본의 국화라는 것을 설명해준다. 직접 돈을 보고 관찰하고 서로 나누는 것은 책보다 효과가 크다.

이때 중요한 것이 있다. 돈은 우리의 생활을 편리하도록 하기 위해 발명되었다는 점이다. 무거운 엽전 대신 지폐로 발달했고, 현금을 소지해야 하는 불편과 위험을 덜기 위해 신용카드가 나왔으며, 이제는 전자화폐까지 등장했다.

이처럼 사회는 사람들이 편리하게 살아가고 보다 나은 삶을 영위할 수 있게끔 하는 새로운 아이디어를 끊임없이 필요로 한다. 아이들의 창의력교육이 중요시되는 이유도 바로 여기에 있다. 두 번째 파워경제관념은 미래의 사회를 보다 나은 사회로 만들기 위해 무엇이 필요한가에 대한 관점을 가지게 하는 것이다. 이는 아이의 꿈과 연결된다. 새로운 아이디어를 품은 아이들의 꿈은 세상을 바꾸게 하고, 또 이처럼 시대의 요구를 충족시키는 사람에게는 큰일을 할 수 있는 기회가 주어진다.

가치를 알아야 경제가 보인다

꿈을 위한 저축

나는 아이들에게 "꿈을 이루기 위해서는 검소한 자세가 필요하다"는 조언과 함께 검소한 생활의 실천을 위해 3개월간 단기목표를 세워 저축을 실천하도록 가르치고 있다. 검소한 소비생활과 직결되는 것이 바로 저축이기 때문이다. 이때의 저축은 그저 돈을 모으는 것이 아니다. 이때의 저축은 꿈을 담은 저축이다.

기간을 3개월로 하는 이유는 본 프로그램이 3개월 정도 진행되기 때문이기도 하지만, 단기목표의 실천으로 아이들로 하여금 성취감과 저축의 기쁨을 느끼게 하기 위해서이기도 하다.

아이들에게 "자신의 이름으로 된 통장을 가진 친구가 있나요?" 하고 물으면 대부분의 아이들이 손을 번쩍 들어 올린다. 어떤 아이는 자기 통장에 200만 원이 있다며 자랑을 하기도 한다. 그러나 그 금액은 아이가 어렸을 때부터 부모가 모은 금액이지 아이 스스로 모은 금액이 아닌 경우가 많다. 아이 명의로 된 통장을 만들어줄 때는 무엇보다 아이 스스로 저축을 할 수 있는 습관을 길러주는 것이 중요하다.

나는 먼저 아이들에게 저축의 목표를 설정하라고 이야기한다. 대부분의 아이들은 이 시간을 다소 어려워한다. 그런데 한 아이가 설정한 저축 목표를 보고 기특한 마음이 들었던 적이 있었다. 당시 초등학교 1학년이었던 '윤희승'이라는 아이가 저축의 목표를 '대학교 등록금'이라고 적었다. 나는 어린 나이임에도 불구하고 스스로 삶을 준비하려는 마음자세에 박수를 쳐주었다.

이름	전영준	김효성	전영환	조은별	정준철	박수민	김지우	김아현
매월 저축 금액	2,000	10,000	10,000	3,000	10,000	3,000	1,000	500
납입 기간	3개월	3개월	3개월	3개월	3개월	3개월	3개월	3개월
저축 목표	물건 비용 마련	수영장 가기	닌텐도 칩 구입	준비물	게임기 구입	게임기 구입	친구 선물	일본 만화 구입
원금	6,000	30,000	30,000	9,000	30,000	9,000	3,000	1,500

파워경제교육 시간에 아이들이 설정한 저축 목표

 가치를 알아야 경제가 보인다

　물론 대부분의 아이들은 왼쪽
의 표에서처럼 처음부터 장래를
준비하는 저축 목표를 설정하지
는 못 한다. 주로 게임기나 장난
감 등 또래들이 가지고 있는 물건
을 사기 위해 저축하는 것이다.

파워경제교육 프로그램 '어린이통장 만들기'

그러나 이러한 저축이 습관이 되면 서서히 자립심이 생겨 저축의
목표를 자신의 미래를 위한 것으로도 설정할 수 있게 된다. 학원비
일 수 있고, 대학교 첫 입학금일 수도 있다. 그것이 무엇이든 간에
아이들이 자립심을 가지고 자신의 미래의 꿈을 준비할 수 있는 자
세를 갖는 것이 중요하다.

　이쯤에서 아이들에게 저축의 동기부여를 해주기 위한 책 하나
를 소개하고자 한다. 바로 ≪예담이는 열두 살에 1,000만 원을 모
았어요≫라는 책이다. 이 책의 주인공 예담이는 일곱 살 때부터 자
신의 용돈의 일부를 무조건 저축했다고 한다. 예담이는 자신의 저
축 방법에 대해 이렇게 소개한다.

　첫째, 용돈을 쓰기 전에 그의 50%를 저축한다. 저축부터 먼저 해
야 불필요한 소비를 줄일 수 있다.

　둘째, 저금통은 주먹만 한 크기로 준비한다. 저금통이 너무 크면

도중에 포기할 수 있기 때문에 적당히 작은 크기의 저금통이 좋다.

셋째, 잔돈은 가지고 다니지 않는다. 1만 원짜리 지폐를 가지고 다니면 그것을 지키고 싶은 마음에 소비를 절제할 수 있다.

넷째, 용돈기입장을 반드시 쓴다. 용돈의 사용을 꼼꼼히 기록하는 것은 합리적인 용돈 관리의 첫걸음이다.

다섯째, 저축의 목표를 분명하게 한다. 저축의 목표가 있어야 그 실천도 가능하다.

어려서부터 꾸준히 저축을 실천한 예담이는 참 대단한 아이라는 생각이 든다. 예담이가 스스로 용돈 관리를 하면서 자신만의 저축 노하우를 갖게 되었듯이 우리 아이들도 스스로의 용돈 관리를 통해 자신만의 저축 방법을 터득하는 것이 중요하다. 그래서 나는 아이들에게 "예담이처럼 자신만의 저축 노하우를 갖도록 노력하자"고 이야기하며 수업을 마무리한다.

이 과정은 부모가 가정에서 함께 진행해주면 더 효과가 크다. 물론 저축의 목표는 아이 스스로 설정하도록 해야 한다. 다소 비현실적인 저축 목표를 제시하더라도 일단은 존중해주도록 한다. 목표는 이후에 수정될 수 있기 때문이다. 가장 중요한 것은 아이가 저축을 즐겁게 시작할 수 있도록 하는 것이다.

가치를 알아야 경제가 보인다

파워경제관념의 세 번째 핵심이 바로 꿈을 위한 저축의 실천이
다. 자신이 갖고 싶은 물건을 사기 위해 저축하는 것은 중요하다.
그리고 이를 시작으로 자신의 꿈을 이루기 위해 스스로 자립할 준
비를 해나가는 자세는 더더욱 중요하다. 경제교육의 가장 큰 목적
은 자신의 인생을 스스로 책임지는 '자립'에 있다는 것을 기억하자.

행복해지는 용돈 관리

아이가 '돈'을 직접적으로 경험하게 되는 것이 바로 용돈이다. 나는 아이들에게 스스로 용돈 관리를 할 수 있는 능력을 키워주기 위해 '미니장터'라는 프로그램을 진행한다. '미니장터'는 아이에게 1만 원의 게임머니를 준 후 직접 물건을 구매하게 하는 프로그램이다.

미니장터에서 판매하는 품목과 그 가격은 다음과 같다.

떡볶이 1,000원   만두 1,000원

튀김 500원   과자 1,000원

사발면 1,000원   불량식품 쥐포 100원

불량식품 사탕 100원   연습장 1,000원

용돈기입장 1,000원   어버이날 카네이션 3,000원

PC방 5,000원   집에서 어머니가 해주신 밥 0원

먼저 아이에게 사고 싶은 품목을 미니장터에서 골라 빈 종이에 적으라고 한다. 이때 두 가지 미션을 준다. 현 시점이 어버이날이라는 것과 학교 준비물로 연습장을 사야 한다는 것이다. 그런 다음 사용한 돈과 남은 돈을 계산하여 하단에 적도록 한다. 어떤 아이는 "선생님, 1만 원 넘게 사면 안 돼요?"라고 질문을 한다. 나는 게임머니 금액 내에서만 사야 한다고 이야기해준다. 실제로 사는 것이 아닌데도 아이들은 이 과정을 매우 흥미로워 한다.

그런데 아이들이 보통 어버이날의 카네이션과 학교 준비물인 연습장을 먼저 구입할 것이라 예상하겠지만 실제로는 그렇지 않다. 간식을 사는 데만 1만 원을 모두 써버린 아이도 있고, 미션은 아랑곳없이 PC방에 다 써버린 아이도 있다. 물론 구입해야 하는 것을 야무지게 잘 산 아이들도 있다.

이러한 구입내역에 대해 아이들과 대화를 나누며 피드백을 자연스럽게 시작한다.

첫째, 간식이나 PC방에 돈을 모두 사용하여 어버이날 카네이션을 구입해야 한다는 미션을 수행하지 못한 아이들에게는 "돈을 계획 없이 써버리면 진짜 중요한 것을 못 할 수 있어요!"라고 이야기해준다. 그러고는 "부모님께 어버이날 카네이션을 안 드리면 부모님 마음이 어떨까요?"라고 물어본다. 아이들은 "섭섭해요!"라고 대답한다. 이때 나는 "맞아요! 카네이션을 사지 않은 것은 부모님께 3천 원 이상의 섭섭한 마음을 느끼게 해드린 것이에요. 반면에 부모님께서 카네이션을 받고 기뻐하신다면 그것은 3천 원보다 더 큰 가치가 되겠지요?"라고 이야기해준다. 더불어 PC방에서 돈을 다 써버린 아이들에게는 '돈뿐만 아니라 시간도 잃어버렸다'는 것을, 그리고 '시간을 잘 사용해야만 자신의 꿈을 이룰 수 있다'는 점을 강조한다.

둘째, 학교 준비물도 마찬가지다. 준비물을 가져가지 않으면 선생님한테 혼날 수도 있고, 그 횟수가 늘어나면 학교생활에 흥미를 잃게 될 수도 있다고 설명한다. 즉, 수업시간에 즐겁게 참여하려면 준비물부터 먼저 구입하는 것이 올바른 순서임을 알려준다.

셋째, 용돈을 아낀다고 불량식품을 사 먹겠다는 아이들에게는 일단 절약하겠다는 그 마음을 칭찬해준다. 그런 다음 불량식품의 유해성, 즉 건강에 유해한 점을 아이들이 이해할 수 있도록 설명해준다. 포장 뒷면에 있는 화학성분에 대해 설명하면 더 효과적이다. "이렇게 안 좋은 성분을 습관적으로 계속 먹으면 어떻게 될까요?"라고 물으면 아이들은 "아파요!", "병들어요!"라고 대답한다. 이때 그렇다면 이러한 불량식품은 가끔이라도 먹으면 안 된다는 이야기를 해주며, 여기에 한 가지 덧붙여 "돈으로도 살 수 없는 것이 건강"이라는 것을 알려준다. 불량식품을 먹고 건강이 나빠진다면 그것은 결코 절약이 아니라고 말이다.

넷째, 간식에 많은 소비를 한 아이들도 있다. 이런 경우에는 "잠시 참을 수 있는 정도라면 집에 가서 어머니가 해주신 따뜻한 밥을 먹는 것이 건강에 가장 좋다"는 말을 해준다. 부모님의 사랑이 담겨 있는 밥은 우리 건강에도 좋을 뿐만 아니라 맛있게 먹는 모습을 보여드리는 것만으로도 부모님에게 기쁨을 드리는 일이라는 점을 강조한다. 또한 절약하는 지름길이라는 것도 알려준다.

마지막으로 남은 돈으로 무엇을 할 것인지 물어보는데 주머니에 넣고 다니다가 필요할 때 쓸 것이라는 아이가 가장 많다. 물론 저축하겠다는 아이들도 있기는 하지만 막상 실천으로 옮기는 아이들은 많지 않다.

이 프로그램에서 가장 중요한 것은 올바른 소비의 순서를 깨닫게 하는 것이다. 즉, 용돈을 미니장터에서처럼 계획성 없이 소비하게 되면 필요한 것을 살 수 없을 뿐만 아니라 저축의 금액도 작아진다는 것을 깨닫게 하는 것이다.

*** 용돈의 대부분을 PC방에 사용했던 아이의 변화**

① 수업을 받기 전

줄넘기 100원

비타민 100원

초코바 300원

PC방 8,500원

용돈기입장 1,000원

합계 10,000원

② 수업을 받은 후

수입(용돈 받은 금액): 10,000원	지출(소비): 0원
저축/투자: 10,000원 저축/투자의 목표:	기부: 0원 기부의 이유: 내 돈이니까

용돈 계획하기

가치를 알아야 경제가 보인다

* 계획 없이 용돈을 사용했던 아이의 변화

① 수업을 받기 전

용돈기입장 500원

어린이날 카네이션 2,000원

비타민 100원

집에서 먹는 맛있는 식사 0원

합계 2,600원

② 수업을 받은 후

수입(용돈 받은 금액): 10,000원	지출(소비): 2,600원
저축/투자: 4,400원 저축/투자의 목표: 돈을 모아서 꼭 필요한 것을 사려고	기부: 3,000원 기부의 이유: 어려운 사람을 도와주려고

용돈을 받으면 먼저 저축할 금액과 기부할 금액을 우선순위로 계획해야 한다. 그런 다음 나머지 금액을 꼭 필요한 부분에 소비해야 하는 것이다. 또 알뜰하게 소비해야 하고, 그러고도 돈이 남으면 저축이나 기부를 더 할 수 있다. 그러나 일단 소비부터 하게 되면 저축

이나 기부는 어려울 수밖에 없다. 미니장터를 예로 들자면 우선 저축과 기부할 금액을 떼어놓은 후 카네이션과 학교 준비물을 구입하고 나머지로 간식을 사거나 PC방을 이용해야 하는 것이다.

사람들이 "나도 나중에 돈 많이 벌면 기부할거야"라는 말을 하는 경우가 종종 있다. 이는 [소비 → 저축 → 기부]의 순서에 길들어 있기 때문이다. 하지만 지금 기부를 하지 않는 사람은 나중에 부자가 되어도 기부하기 쉽지 않다. 어릴 때부터 적은 금액일지언정 기부의 기쁨을 느껴온 사람이 어른이 되어서도 기부를 실천한다.

네 번째 파워경제관념은 바로 "행복해지는 용돈 관리"다. 이는 가치에 따른 우선순위를 적용한 용돈 관리를 원칙으로 한다. 어려서부터 이웃을 위해 기부하고 자신의 미래를 위해 저축하는 것을 우선순위로 삼아야 한다. 그 외에도 계획 아래 부모를 위한 소비, 건강을 위한 소비를 하면 더욱 가치 있는 삶을 살 수 있다.

※본 프로그램을 가정에서 진행할 수 있도록 151페이지(실천 가능한 용돈 관리), 157페이지(합리적이고 가치 있는 소비의 실천)에 자세하게 설명해놓았습니다.

오르락내리락,
살아 있는 가격의 비밀 1

- 투자의 원리

투자는 어른들에게도 쉽지 않은 개념이다. 따라서 아이들에게는 실질적인 투자의 방법보다 기본 원리를 익히게 하는 것이 중요하다. 나는 투자의 기본 원리를 알려주기 위해 경매놀이를 진행한다. 아이들은 경매놀이를 통해 가격변동의 원리를 보다 즐겁게 배울 수 있다.

경매놀이를 진행하는 요령은 다음과 같다. 먼저 내가 준비한 학용품, 스티커, 간식, 부채 등을 펼쳐놓고 아이들에게 각각 게임머니 2만 원을 나누어 준다. 이때 "오늘 경매놀이를 통해 낙찰된 물건들은 실제로 여러분들에게 줄 거예요!"라고 말해주면 아이들은 기뻐하며 더 적극적으로 수업에 참여한다.

경매의 시작 금액은 500원으로 하고, 500원 단위로 높여 부를 수 있도록 한다. 기회는 먼저 손을 들 때 주어진다.

본격적인 경매는 아이들이 별 관심을 갖지 않는 저가의 볼펜부터 시작한다. "볼펜 한 자루를 살 사람?"이라고 물으면 대부분 처음이어서, 또는 필요가 없어서 머뭇거리기만 한다. 겨우 한 아이만 손을 들 뿐이다. 한 아이가 "500원이요!" 하며 손을 들면 "500원에 500원 더해서 1천 원에 살 사람?"이라고 묻지만 강의실은 조용하기만 하다. 이제 볼펜을 살 사람이 정해졌다. "낙찰!"이라는 말과 함께 아이에게 "볼펜 한 자루를 500원에 싸게 잘 샀네요"라고 칭찬한 후 게임머니 500원을 받고 볼펜을 그 아이에게 실제로 준다.

다음은 여러 개의 수량을 준비한 부채와 스티커다. "선생님! 1천 원이요!"라고 한 아이가 먼저 외치면 옆에서 다른 아이가 "선생님, 저요! 저는 2천 원이요!"라고 소리친다. 아이들은 다소 경쟁하기는 하지만 수량이 넉넉하기 때문에 치열하지는 않다. 이 물건들은 2천~3천 원 사이에서 낙찰된다. 그리고 캐릭터 색연필세트를 보여준다. 아이들은 색연필세트가 지금까지 나온 물건 중 가장 고가의

 가치를 알아야 경제가 보인다

물건이라 여기고 치열한 경쟁을 시작한다. "선생님, 저요! 저요!" 하는 소리가 여기저기에서 들리기 시작하는데 어떤 한 아이가 "1만 원!" 하며 크게 외친다. 주변이 잠시 조용해지자 나는 "낙찰!"이라는 말과 함께 그 아이에게 색연필을 준다. 아이는 무언가 뿌듯한 표정으로 색연필을 받는다. 실제 색연필 가격보다 더 비싼 1만 원에 낙찰되었지만, 아이는 어차피 게임머니이기 때문에 아무리 1만 원이라도 득이라는 생각을 했을 것이다. 이렇듯 품목이 비싸질수록, 얼마 남지 않을수록 아이들의 경쟁은 치열해진다. 이번이 마지막 기회인 양 남은 게임머니를 전부 내걸기도 한다.

마지막으로 나는 아이들에게 게임머니와 같은 크기의 백지 한 장씩을 나누어 주며 그것을 '백지수표'라고 소개한다. 그리고 백지수표에는 우리가 적고 싶은 만큼의 금액을 적을 수 있다고 말해준다. 단, 맨 처음 경매 물품이었던 볼펜으로 썼을 때만 효력이 있다고 제한한다. 이때 아이들은 첫 번째로 볼펜을 샀던 친구를 부러운 눈길로 바라본다.

이제 다시 볼펜을 내놓고 새로운 경매를 시작한다. "경매 시작!"이라는 말이 떨어지기 무섭게 아이들은 자신의 낙찰가를 외치고, 낙찰가는 1만 원까지 높아진다. 결국 볼펜은 1만 원에 낙찰된다. 처음에 볼펜 한 자루를 낙찰 받은 아이에게 "그 볼펜을 선생님한

테 1만 원에 팔 수 있겠어요?"라고 물으면 아이는 "예!"라고 대답한다. 볼펜 한 자루를 500원에 산 아이는 그것을 다시 1만 원에 기쁜 마음으로 판다.

상황을 정리하면 다음과 같다. 처음 볼펜의 낙찰 가격은 500원이었다. 그러나 백지수표를 사용하기 위해서는 그 볼펜이 있어야 한다는 설명 이후에는 볼펜의 낙찰가가 20배나 올라간 1만 원이 된다. 같은 물건임에도 불구하고 사람들의 필요에 따라 가격이 변한 것이다. 즉, 이 프로그램을 통해 아이들이 깨닫는 것은 사고자 하는 사람이 많으면 가격이 올라가고, 없으면 가격이 떨어진다는 가격 변동의 원리다.

실제로 가격이 변동하는 사례는 주변에서 수없이 많이 일어난다. 한 예로, 20여 년 전쯤 한 개당 500원 정도 했던 라면의 가격이 북한에서 전쟁을 일으킬지도 모른다는 소문이 돌자 일시적으로 올라간 적이 있다. 비상식량을 준비한다는 명목으로 너도나도 라면을 사재기한 탓이었다. 당시 마트에서는 라면을 구할 수가 없을 정도였다.

시장을 예측하고 볼펜을 500원에 많이 사놓은 사람은 볼펜이 1만 원이 되었을 때 큰 수익을 본다. 즉, 성공투자를 한 것이다. 그러나 볼펜으로 성공한 것을 지켜본 뒤 뒤늦게 뛰어든 사람은 어떻게 될까? 여기저기에서 같은 생각으로 볼펜을 만들어낼 것이고, 그렇게 되면 볼펜 가격은 폭락한다. 결국 큰 손해를 보게 된다.

사려는 사람이 많으면 가격이 올라가고, 적으면 가격은 떨어진다. 또한 공급량이 많으면 가격이 떨어지고, 적으면 가격이 올라간다. 이러한 수요와 공급의 법칙은 바로 투자의 원리와 직결된다. 여기에서 투자란, 어떤 기업의 주식을 매수하는 주식투자와 사업과 관련된 투자를 모두 포함하는 넓은 의미에서의 투자를 뜻한다. 주식투자든 사업이든 투자에 성공하기 위해서는 먼저 수요와 공급의 법칙을 염두에 두어야 한다. 그리고 어떠한 이벤트가 있을 때 사람들이 필요로 하는 것이 무엇인지 발 빠르게 예측해야 성공적인 투자를 할 수 있다.

사람들은 미래에 가격이 올라갈 것으로 예측되는 영역에 투자를 한다. 때문에 항상 수익을 남긴다고 장담할 수는 없다. 손실을 볼 수도 있는 것이다. 그런 의미에서 남들이 이미 많은 수익을 낸 주식이나 사업에 투자하기 위해 대출까지 받는 것은 위험한 일이다. 실제로 다른 사람의 좋다는 말에 의해 관심을 갖는 경우가 많은데 뒤늦은 투자는 확률적으로 성공하기 어렵다.

투자에 성공하기 위해서는 다른 사람들의 의견을 참고하는 것도 중요하지만 먼저 투자 감각을 키워야 한다. 물건 가격의 변동에 지속적인 관심을 갖고 그 변동을 자신의 감각으로 만들어내야 가능하다는 말이다.

꼭 투자가 아니더라도 투자의 원리를 이용하면 실제 농수산물 가격의 변동을 미리 예측할 수 있고, 그러면 조금 더 알뜰한 장을 볼 수 있다. 태풍이 지나간 후에는 일시적으로 과일이나 농산물 가격이 급등하기도 한다. 일기예보를 참고해 미리 농산물을 구입해 놓고 아이와 태풍 전후의 농산물 가격을 비교해본다면 유익한 교육이 될 것이다.

아이들이 경매놀이를 통해 가격변동에 대해 익혔다고는 해도 가정에서의 지속적인 교육이 없다면 큰 효과를 거둘 수 없다. 작은 것에서부터 투자 감각이 잘 길러질 수 있도록 부모의 관심이 필요하다.

오르락내리락,
살아 있는 가격의 비밀 2

- 주식투자

주식투자는 17세기 영국의 무역선이 인도 등과 해외무역을 하기 위해 물자를 조달한 것에서 그 유래를 찾을 수 있다. 무역선은 무역에 필요한 물자를 조달하기 위해 사람들의 투자를 받았고, 사람들은 자신이 투자한 비율만큼 증서를 나누어 받았다. 그리고 배가 무사히 돌아온 후 손익은 그 증서의 비율만큼 계산하여 나누어 가졌다. 간혹 배가 폭풍을 만나 침몰하면 투자금액을 모두 날리기도 했다.

실제 오늘날의 주식투자도 그러하다. 어떤 기업의 신상품이 수익을 많이 낼 것 같다고 예측되면 많은 사람들이 그 회사의 주식을 사는데, 예측과 일치하면 돈을 많이 벌고 예측과 빗나가면 손해를 본다. 또 회사가 문을 닫으면 투자자금 전액을 날리게 된다.

이러한 위험이 있기는 하지만 주식투자를 적절하게 활용하면 저축보다 빠르게 목돈을 만드는 데 도움이 될 수 있다. 이 때문에 많은 사람들이 주식투자에 관심을 갖고 있다. 심지어 최근에는 주식투자에 아이들도 생각보다 많은 관심을 갖고 있다. 따라서 아이들에게 주식투자의 장점과 위험을 함께 가르쳐 올바른 투자 마인드를 갖게 하는 것이 중요하다.

파워경제교육에서는 모의주식투자로 주식투자의 원리와 방법을 이해시킨다. 방법은 다음과 같다.

먼저 아이들에게 가격이 변하는 것이 무엇인지 물어본다. 물론 곧바로 대답을 들을 수 있는 것은 아니다. 하지만 힌트를 조금 주면 상황은 달라진다.

"마트에 가면 농산물 가격이 매일 똑같나요?"

"아! 배추요!"라고 한 아이가 대답하면 아이들은 그제야 감자, 쌀 등의 답을 쏟아낸다. 그러면 지난번에 나눠 주었던 1달러의 오늘 시세를 알려준다. 환율도 변한다는 것을 알려주는 것이다. 그런 다음 회사 주식의 가격도 매일 변화하고 있다고 설명한다.

본격적인 모의주식투자는 이제부터다. 이때 실감 나도록 주식 매매를 할 때 주권을 갖듯 아이들이 주식을 매수할 때 주기 위한 모의주권을 미리 만들어놓고, 아이들에게 10만 원씩의 게임머니를 나눠 준다.

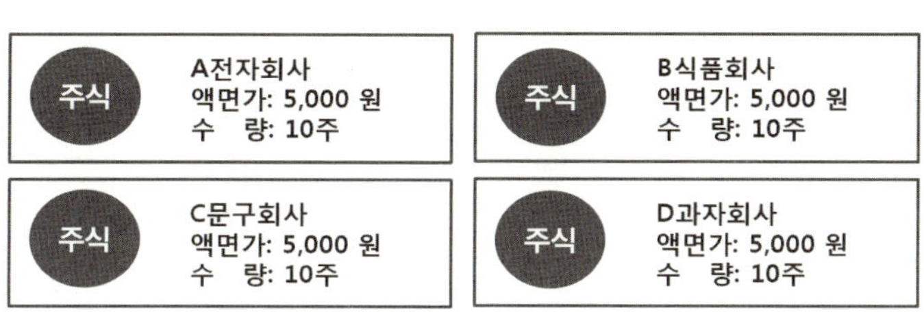

먼저 아이들에게 투자 가능한 기업을 소개한다. 전자스마트폰, 식품, 문구, 과자의 회사를 선정하는 이유는 아이들도 친숙하게 받아들일 수 있는 종목이기 때문이다.

A전자회사	· 우리나라에서 제일 잘나가는 전자회사다. · 곧 스마트폰 신상품이 발매될 것이라는 기대감으로 주가의 상승 분위기를 맞고 있다.
B식품회사	· 대부분의 가정이 이 회사에서 나온 케첩, 라면, 카레 등을 구입한다.
C문구회사	· 최근 2년 동안 적자를 보고 있다. · 볼펜 등 문구류를 취급한다. · 이런 추세라면 곧 회사 문을 닫을 수도 있을 듯하다.
D과자회사	· 국내에서 시장점유율이 가장 큰 과자회사다. · 최근 중국시장까지 진출하여 엄청난 매출 증가가 예상된다.

"네 주식을 모두 다 매수해도 되고, 한 종목만 매수해도 됩니다.

그리고 모든 주식의 가격은 동일하게 5천 원으로 시작합니다"라는 설명이 끝나면 "여러분은 어떤 주식에 투자를 하시겠습니까?"라고 질문을 한다. 아이들은 저마다 자신의 뜻대로, 아니면 조언을 얻어 주식을 매입한다.

한 회사의 주식을 모두 산 아이, 10만 원으로 네 주식을 모두 산 아이, 한두 종목을 산 아이 등 결과는 다양하게 나타난다. 최종적으로 살펴보면 아이들은 주로 A전자회사의 주식을 가장 많이 매수한다. 한 고학년 학생이 "A전자회사가 가장 좋은 회사일걸?"이라고 말한 것을 들은 다른 아이들이 덩달아 A전자회사 주식을 많이 매수하기 때문이다.

그 다음 3개월 뒤의 주가를 공개한다. 먼저 3개월의 주가변동을 나타낸 그래프를 아이들 앞에 제시한다. 객관성을 위해서는 실제로 존재하는 기업과 그 기업의 3개월 치 주가변동을 그래프로 만드는 것이 좋다. 즉, 3개월이 흘렀다는 가정 하에 그래프를 통해 3개월 후의 주가를 알려주는 것이다.

A전자회사의 경우 신상품이 나왔지만 생각보다 판매가 저조해서 실적이 좋지 못했다. 따라서 주가가 5천 원에서 4천 원으로 떨어졌다. B식품회사는 경쟁사가 많은 탓에 많은 수익을 내지는 못하고 전과 비슷한 수익을 내고 있다. 주가는 5천 원 그대로다. C문

구회사는 2개월 되었을 때 주가가 많이 떨어지기도 했지만 기업회생 대책과 함께 신상품이 발매됨에 따라 주가가 연일 급등했다. 5천 원이었던 주가가 8천 원이 되었다. D과자회사는 중국 진출로 매출이

D기업 2010년 말 ~ 2011년 초 사이의 주가

급상승했다. 주가는 7천 원까지 치솟았다. 결과적으로 A전자회사의 주식을 많이 산 아이들은 많은 손해를 입었다.

다음은 가지고 있는 주식을 매매했다는 가정 하에 주식은 회수하고 현재 주가로 계산하여 게임머니를 돌려준다. 10만 원을 훨씬 웃도는 게임머니를 돌려받은 아이, 10만 원을 돌려받은 아이, 8만 원을 돌려받은 아이 등 투자한 종목이 달랐듯 결과도 다양하다.

C문구회사에 10만 원 전액을 투자한 개구쟁이 남자아이는 많은 수익을 보았다. 하지만 문제는 향후 8천 원까지 치솟았던 C문구회사의 주가가 재무구조 악화로 얼마 되지 않아 크게 폭락했다는 사실이다. 이렇게 재무구조가 좋지 않은 회사에 투자하여 큰 수익을 보는 투기성 투자에 익숙해지면 향후 그 이상의 돈을 잃을 확률이 커진다. 또 B식품회사와 D과자회사의 주식을 매수하고도 현금으

로 30% 정도를 남겨놓았던 아이는 은행수익률 대비 높은 수익을 얻었다. 우량주식에 배분한 덕분이었다. 하지만 보다 주목할 점은 여유자금을 남겨놓았다는 것이다. 여유자금은 주가가 내렸을 때 한 번 더 살 수 있는 기회를 제공하기 때문이다.

이제 막연히 남을 따라 하는 투자나 현재 높은 성과를 내고 있는 기업에 무조건 투자하는 것의 위험성에 대해 설명해준다. 또 실제 투자할 때 한 기업에 전 재산을 투자해서는 안 된다는 것도 알려준다.

다섯 번째 파워경제관념은 바로 올바른 투자 마인드다. 소문만 듣고 남을 따라 하지 않는 것, 그리고 적절한 금액을 투자하는 것, 한 기업에 모두 투자하기보다는 여러 기업에 나누어 투자하는 것^{분산투자}이 그것이다. 그리고 또 있다. 반드시 위험 관리 차원에서 현금을 20~30%에서 많게는 50%까지 확보를 해두어야 한다는 것이다. 이는 예측과 달리 주가가 떨어졌을 때를 대비하기 위해 필요하다.

올바른 투자 마인드를 갖는 것은 매우 중요한 일이다. 직장생활 하면서 열심히 모은 재산 1억 원을, 친구 말만 믿고 알지도 못 하는 회사에 투자했다가 회사가 문을 닫는 바람에 투자금액 전부를 날린 사람도 있다. 올바른 투자 마인드는 적어도 잘못된 판단과 욕심으로 수렁에 빠지지 않도록 방향을 제시해주는 나침반의 역할을 해줄 것이다.

행복한 성공자가 되는 비결 1

'꿈을 위한 저축'에서는 _{97페이지} 아이들로 하여금 목표를 정하고 저축을 하게 했다. 이제 3개월이 지났으니 저축목표를 달성했는지 확인해야 한다. 용돈의 일부를 꼬박꼬박 저축한 아이들은 유난히 흥미로워 하는 시간이다.

결과는 저축목표 이상의 금액을 달성한 아이, 목표금액만큼 달성한 아이, 목표금액은 달성하지 못했지만 저축을 시작한 아이, 그리고 아예 저축하지 않은 아이 등 크게 네 가지 유형으로 나뉜다. 3개월이라는 단기간에 많은 아이들이 저축을 실천했다는 자체로도 큰 의미가 있다. 이때 저축을 하지 않은 아이에게는 격려와 함께 다시 한 번 동기부여를 해주어야 한다. 물론 저축을 실천한 아이들에게는 아낌없는 칭찬을 한다. 이때 중요한 것이 있다. 아이가 모은 돈에 대한 3개월 치의 이자를 챙겨주는 것이다. 내 경우에는 3천 원을 저축한 아이에게는 150원을, 5천 원을 저축한 아이에게는 250원을, 1천 원 저축한 아이에게는 50원을 이자로 줘서 새로운 기쁨을 누리게 배려한다. 이자를 준다고 이야기하면 아이들은 처음에는 큰 관심을 갖는다. 그러다 이자가 1천 원에 50원이라는 것을 알게 되면 바로 실망하는 모습을 보인다. 이때 나는 이 이자는 실제 은행금리보다 굉장히 높다는 것과 그만큼 목돈을 만드는 데 많은 시간과 노력이 필요하다는 것을 이야기해준다.

아이들이 말하는 저축의 목표는 다양하다. 기부를 하겠다고도 하고 부모님께 효도를 한다고도 한다. 대학교를 갈 때 등록금으로 쓰겠다는 아이도 있다. 가끔 비현실적인 목표도 있다고는 해도 저축으로 그런 일들이 가능하다는 것을 이해했다는 점은 고무적인 일이라 하겠다.

이제 아이들의 주머니에는 그간 모아두었던 목돈과 이자가 들어 있다. 그것만으로도 아이들은 기분이 좋다. 하지만 나는 여기에서 한 가지를 더 이야기한다. 그전에 사 간 피로회복제 한 박스를 옆에 둔 채.

"직장에 다녀서 월급을 받거나 오늘처럼 저축해서 목돈(?)을 받은 날에는 반드시 고마운 분들을 챙겨야 합니다. 여러분들에게 가장 고마운 분은 누구지요?"

부모님이라고 외치기도 하고 학원 선생님, 또는 할머니를 외치기도 한다.

"오늘 피로회복제 한 병을 200원에 판매할 거예요. 여러분들이 저축한 돈으로 사서 고마운 분께 드리면서 '고맙습니다'라고 이야기해보세요."

실제 500원이 넘는 가격을 생각하면 파격적인 조건이다. 하지만 일단은 머뭇거리는 분위기다. 그러다 이내 한 명이 "부모님께 드리겠다"며 두 병을 400원에 산다. 그러면 아이들은 저마다 고마운 분들을 위해 기꺼이 저축한 돈의 일부를 내놓는다.

대부분 돈이 생기면 그것으로 나를 위해 무엇을 할까를 가장 먼저 생각한다. 하지만 중요한 것은 고마운 분들을 먼저 생각하고 챙기는 습관이다. 이것은 우리 아이를 돈보다 더 큰 재산을 가진 사람으로 성장하게 한다.

아이들에게 받은 피로회복제 판매대금을 강의실에 미리 비치해둔 기부함에 넣는다. 함께 나눔을 실천하는 모습을 보여주기 위해서다.

요즘 아이들은 정말이지 많은 능력을 갖고 있다. 공부면 공부, 운동이면 운동, 무엇 하나 빠지는 것이 없다. 물론 이런저런 학원을 전전한 덕분이다. 그런데 의문이 있다. 모두가 출중한 능력을 갖고 있다면 무엇이 성공과 실패를 가르는 열쇠가 될까? 나는 진심으로 사람을 사랑하는 마음이 그 열쇠라고 생각한다. 이는 작은 나눔의 실천에서 시작된다.

행복한 성공자가 되는 비결 2

행복한 성공자가 되기 위해서는 어려운 이웃을 돌아보는 눈을 갖는 것도 중요하다. 그러나 어려운 이웃을 돌아보는 눈은 단번에 만들어지지 않는다. 나는 이를 위해 프로그램을 진행하는 기간 동안 교육 장소에 기부함을 비치해둔다. 그리고 아이들과 함께 1천 원의 가치를 되새겨본다.

아이들에게 묻는다.

"1천 원으로 무엇을 할 수 있을까요?"

어떤 아이는 떡볶이를 사 먹을 수 있다고 말한다. 또 어떤 아이는 자기가 좋아하는 과자를 살 수 있다고 한다. 샤프나 지우개 같은 문구류를 말하는 아이도 있고, 저가의 장난감을 말하는 아이도 있다. 아이들의 대답을 다 듣고 나면 나는 한 장의 사진을 보여준다. 아프리카에 살고 있는 아이의 사진을 말이다.

"이 아이가 하루를 살기 위해서는 돈 1천 원이 필요합니다."

3만 원이면 한 달을 살아갈 수 있다고도 말한다. 그리고 덧붙인다.

"여러분이 1천 원을 이 아이에게 보내주면 그 아이는 끼니를 거르지 않고 하루를 살 수 있어요."

간식이나 사 먹을 수 있는 고작 1천 원으로 큰 가치를 실천할 수 있다는 것을 알려주는 것이다.

나는 아이들에게 "용돈의 일부를 기부금액으로 계획하고 그 금액을 기부함에 넣어 기부하자"고 제안한다. 그리고 얼마 뒤 다음 강의를 하기 위해 가면 기부함의 돈은 생각보다 많이 늘어나 있다.

한번은 기부함에 2천 원을 넣었다며 다시 달라고 하는 아이가 있었다. 처음에는 배운 대로 실천하려 했으나 넣고 나니 '아차' 싶었던 것일 게다. 나는 아이들 앞에서 그 돈을 꺼내줄 수가 없었다. 마음은 편치 않았지만 "용돈에서 적당한 금액을 기부하는 것이 중요합니다!"라고 이야기해주었다. 하지만 그대로 두었다가는 돌려받지 못했다는 좌절감에 다시는 기부를 하지 않을 수도 있었다. 때문에 수업 중간에 칭찬거리를 찾아 특별 간식을 주어 위로했다.

교육이 진행되는 동안 동전의 양은 점점 많아진다. 그리고 모든 프로그램을 마친 뒤, 그 동전들을 아프리카 아이들을 돕는 단체에 모두 기부한다. 그 다음 나는 아이들에게 기부증서를 수여해준다. 적은 돈이 큰일에 쓰였다는 자부심을 갖게 해주기 위해서다. 그리고 기부금이 어떻게 사용되는지도 알려준다. 실제로 우리의 기부금은 더 깨끗한 물을 마실 수 있도록 우물을 파는 데 사용되기도 하고 무너져 가는 집을 고치는 데 사용되기도 한다. 또 식량을 사서 나눠 주는 데 사용된다. 이외에도 의료품이나 의복, 신발, 모기장을 구입하는 데 사용된다. 기부증서를 잘 보이는 곳에 놓아두면 아이에게 자긍심을 심어줄 수 있을 것이다.

돈의 가치는 금액의 많고 적음에 의해 결정되는 것이 아니다. 적은 돈도 큰일에 사용되면 큰돈이 되고, 큰돈도 하찮은 일에 사용되면 적은 돈이 된다. 즉, 얼마나 가치 있는 일에 사용되느냐에 달려 있는 것이다. 또 가치 있는 일에 사용하는 돈은 우리의 삶을 풍요롭게 만들어준다.

여섯 번째 파워경제관념이 바로 이것이다. 진정 사랑할 줄 아는 마음을 갖고 나눔에 동참하는 것. 부모님과 선생님 등 고마운 분들을 챙길 줄 알고, 기쁜 마음으로 어려운 이웃을 위해 나누고 기부하는 아이는 남다른 안목을 갖게 되고, 궁극적으로 행복한 삶을 살아갈 수 있다. 물론 성공을 위해 봉사하고 기부하는 것은 아니지만 봉사와 기부로 삶의 행복을 얻고 더불어 성공까지 얻을 수 있다면 금상첨화가 아닐까?

큰돈과 푼돈의 차이는
백지 한 장 차이

나는 돈의 가치에 대해 아이들에게 알려줄 때 다음 질문을 반드시 한다.

"돈으로는 살 수 없는 것, 세상에서 가장 비싼 것은 무엇일까요?"

우리는 돈으로 많은 것을 할 수 있다. 하지만 돈으로는 할 수 없는 일들도 있다. 그것이 세상에서 가장 비싼 것이 아닐까?

질문을 받은 아이들은 부모님, 가족, 형제, 친구, 사랑, 생명, 지구, 공기 등 다양한 가치를 말한다. 아이들은 현명하다. 돈보다 가치 있는 것들이 훨씬 많다는 것을 이미 알고 있다.

우리는 이미 많은 것을 가지고 있다. 따라서 돈의 많고 적음에 따라 행복과 불행이 결정되는 것은 아니다. 이미 가진 것들에 감사하면 행복은 저절로 온다.

가족, 친구, 어려운 이웃을 사랑하는 아이, 자연이 있기에 우리가 생명을 유지할 수 있다는 사실에 감사하는 아이, 살아 있는 것 자체에 감사하는 아이는 행복하다. 이는 이미 우리가 가지고 있는 가치들의 중요성을 깨달아야만 가능한 일이다. 그러나 자신이 가진 것에 대해 감사를 느끼지 못하고 오히려 당연하게 여기는 아이는 현재에 만족하지 못한다. 만족이 없으면 행복도 없다. 모든 것이 부족하다고 느끼는 아이는 불행하다.

사실 돈이 많으면 할 수 있는 것도 많은 게 사실이다. 의식주는 기본이다. 더 좋은 것을 먹을 수 있고, 더 좋은 것을 입을 수 있고, 더 멋있는 차를 탈 수 있다. 더 예뻐질 수도 있다. 하지만 돈으로 누리는 편리한 생활이 당연시되면 돈이 없을 때 그들은 삶의 방향성을 잃고 만다. 때때로 부자였던 이들이 생의 마지막을 자살로 마감하는 이유가 여기에 있지 않을까.

우리 아이들은 좋은 세상에 태어났다. 그 옛날의 보릿고개도 없고 마음만 먹으면, 그리고 능력만 되면 국내는 물론 해외까지 넘나

들 수 있다. 그만큼 더 넓은 세상을 바라보고 있다. 하지만 분명 다른 나라를 체험하면 견문이 넓어지는 것은 사실이겠으나 한편으로는 풍족함 속에서 진정한 가치를 잃어버리게 되지는 않을까 하는 불안감이 든다.

초등학교 시절 나는 어머니에게 용돈을 받았다. 하지만 아무리 받아도 부족하다고만 느껴졌다. 그러자 어머니께서는 이런 말씀을 하셨다.

"네가 생각하기에 얼마가 있으면 마음껏 쓸 수 있는지 이야기하면 그만큼 용돈을 줄 테니까 한번 써보렴."

나는 고민하다가 10만 원이라고 말했다. 그러다 20만 원으로 올렸고, 또다시 30만 원으로 올렸다. 어머니는 아무 말씀 안 하시고 30만 원을 주셨다. 당시 껌 하나의 가격은 50원이었다. 떡볶이도 100원이면 한 접시를 먹을 수 있었다. 아무튼 나는 30만 원을 어머니의 뜻(?)대로 마음껏 다 써버렸다.

"돈을 쓰고 나니 마음껏 잘 썼다는 생각이 드니?"

어머니의 질문을 받고 나는 "정말 마음껏 하고 싶은 것을 다 한 것 같다"고 말씀드렸다. 물론 솔직한 내 마음은 그렇지 않았다. 아이들과 간식을 사 먹고 사고 싶은 물건을 조금 샀을 뿐인데, 30만 원이라는 큰돈이 순식간에 사라져 버렸기 때문이었다. 그때 어머니는 이런 말씀을 해주셨다.

"사람의 욕심은 끝이 없어서 돈을 제아무리 많이 써도 '마음껏 썼다'고 느끼기 어렵단다. 30만 원 가지면 100만 원 갖고 싶은 것이 사람 마음이거든."

그때 그 말의 의미를 다 이해한 것은 아니었다. 하지만 그때의 일은 살아가는 동안 내게 큰 교훈과 지혜가 되어주었다.

이제 나는 부자들을 보아도 크게 부러워하지 않는다. 돈으로 살 수 없는 건강을 누리고 있고, 나에게 가장 소중한 가족들과 함께 기쁨과 슬픔을 나누고 있으며, 생명을 유지시켜 주는 자연이 있기 때문이다. 나는 이 모든 것들에 감사하며 당당히 살아가고 있다. 큰돈과 푼돈의 차이는 백지 한 장 차이일 뿐이다.

'사람을 사랑하고 자연과 생명의 가치를 아는 것', 이것이 바로 가장 소중하고 아름다운, 그리고 올바른 일곱 번째 파워경제관념 이다. 올바른 경제관념은 삶을 살아가는 힘의 원천이 된다. 따라서 올바른 경제관념을 가지고 있는 아이는 절대 좌절하지 않는다. 올 바른 경제관념은 우리 아이를 이 시대의 행복한 승리자로 이끌어 줄 것이다.

아이들에게 용돈을 주는 주된 목적은 바로 아이들이 스스로 돈을 관리하는 능력, 즉 자립심을 키워주기 위한 것이다. 자녀들의 경제활동은 용돈 관리에서 시작된다. 아이들은 용돈을 통해 소비, 저축, 투자, 기부활동을 하며 작은 사회를 경험한다. 어릴 때 올바른 경제습관을 갖게 되면 성인이 되었을 때 보다 풍성한 삶을 살 수 있게 된다는 점을 상기하면 어릴 때의 용돈 관리가 얼마나 중요한지 이해할 수 있을 것이다.

그럼 용돈은 얼마를 주어야 하고, 주기를 어떻게 해야 할까? 또한 용돈 관리는 어떻게 해야 할까? 다음 똑똑한 용돈 관리의 다섯 가지 원칙에 대해 알아보고 생활 속에서 실천해보도록 하자.

하나, 부족하게 준다

용돈을 부족하게 주면 아이는 넉넉한 용돈을 쓸 수 있는 방법에 대해 고민하게 된다. 심부름을 한다거나 아버지의 구두를 닦는다거나 해서 스스로 돈을 벌 고민도 한다. 이러한 과정을 통해 아이는 자립심을 키우게 된다. 단, 부모는 자녀가 한 일 이상의 대가를 주어서는 안 된다. 또 이미 넉넉한 용돈을 주고 있다면 아이와 대화를 통해 지혜로운 방법으로 용돈을 줄이는 것도 한 방법이다. 용돈을 이전보다 아껴 사용하는 지혜와 아울러 가정에서의 소득활동을 통해 스스로 용돈을 충당하는 지혜를 얻게 될 것이다.

둘, 저축과 기부금액을 떼어낸 후 나머지 금액을 소비한다

이 방법은 저축과 기부를 실천하는 데 큰 도움이 된다. 아이가 어리다면 저축저금통과 기부저금통을, 청소년이라면 저축통장과 기부통장을 만들어준다. 그리고 용돈을 준 즉시 저축과 기부를 실천한 뒤 나머지 금액을 소비하도록 지도해야 한다.

명절 때 받은 특별용돈도 아이가 관리하도록 맡기되 대화를 통해 특별용돈에 대한 계획서를 미리 작성하게 한다. 명절 때 받은 용돈 중 80%는 저축, 5%는 기부, 15%는 소비를 하겠다고 미리 계획을 해놓았다면 그대로 실천하게 한다.

셋, 현명한 선택으로 똑똑한 소비를 실천한다

운동화가 다 떨어져서 생활에 불편을 준다면 그것은 지금 당장 '필요한 것Needs'이다. 그러나 아직 신을 만한데도 또 다른 것이 사고 싶은 것은 '원하는 것Wants'이다.

현명한 소비는 원하는 것보다 필요한 것을 먼저 사는 것이다. 원하는 것은 당장 필요한 것이 아니다. 있어도 그만, 없어도 그만인 것이다. 또 나중에라도 얼마든지 살 수 있다. 당장 사지 않아도 되는 것, 즉 원하는 것에 대한 소비의 절제를 통해 훗날을 대비하는 지혜를 배워야 한다.

넷, 분기 1회 이상 나눔을 실천한다

아이가 자신의 용돈의 일부를 부모님, 학교선생님 등 감사한 분들을 위한 소비, 그리고 주변에 있는 장애인 친구, 다문화 가정 친구들을 위한 소비 등 나눔에 소비하도록 지도한다. 음료수나 과자 같은 작은 것의 나눔만으로도 아이는 사랑의 마음을 품은 큰사람으로 성장한다. 어려서부터 자신의 용돈의 일부를 주변 사람들과 나눌 줄 아는 마음을 키워주는 것이 무엇보다 중요하다. 더불어 물질을 나누는 것보다 더 중요한 것은 밝은 미소와 따뜻한 말 한마디라는 사실도 알려주어야 한다. 먼저 따뜻한 마음을 품으면 나눔은 자연스럽게 따라오기 때문이다.

다섯, 용돈은 처음에는 일주일 단위로 주어 용돈기입장을 쓰게 한다

처음부터 한 달 치 용돈을 주고 용돈기입장을 쓰게 하면 대부분의 아이들은 초기에만 이행하다 중도 포기한다. 하지만 일주일 단위로 용돈을 주면 용돈 관리와 기록이 보다 수월해진다. 그러다 아이가 기록에 익숙해지면 차차 2주나 한 달로 용돈 주기를 늘리도록 한다. 만약 아이가 일주일 치 용돈도 관리를 잘하지 못한다면 용돈 주기를 2~3일로 변경하는 것이 좋다.

용돈기입장에 매번 사용한 용돈에 대해 기록하는 것을 아이가 번거로워 한다면 방법을 바꿔본다. 즉, 용돈 사용에 대한 내용을 별도의 용돈기입장 대신 일기에 쓰게 하는 것이다.

가정에서 쉽게 할 수 있는 20분 경제교육 프로그램

이제 가정에서 쉽게 진행할 수 있는 파워경제교육 프로그램을 소개합니다. 가정 내 경제교육의 목적은 아이들이 자립심을 키우고 지혜로운 경제습관을 갖도록 하는 것입니다. 그러기 위해 아이가 이해할 수 있도록 쉽게 설명해주고, 또 삶 속에서의 실천으로 이어지게 하는 것이 중요합니다.

민주의 일기 엿보기

파워경제교육에서는 첫 시간에 '민주의 일기 엿보기'라는 프로그램을 진행한다. 이 프로그램은 '경제는 우리와 한 가족[87페이지]'에서 이미 소개했던 내용으로 가정에서 직접 진행할 수 있도록 좀 더 자세히 설명했다.

아이들에게 내가 프로그램을 위해 가상으로 작성한 '민주의 일기'를 나눠 준 후 일기 속에서 경제와 관련되었다고 생각하는 부분을 스스로 체크하게 한다. 그리고 꼼꼼한 피드백을 통해 '경제가 우리의 생활과 아주 밀접하다'는 것을 이해시킨다.

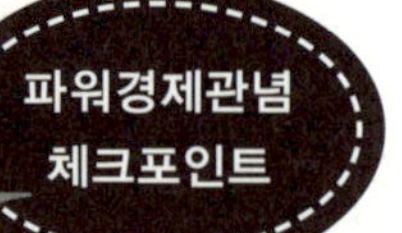

경제는 우리와 한 가족!

경제라는 개념에는 주식이나 환율과 같은 용어도 포함된다. 하지만 보다 넓은 의미에서 보면 경제는 사람이 살아가기 위한 모든 활동을 말한다. 일상생활이 곧 경제인 것이다. '민주의 일기 엿보기'는 일상생활의 모든 것이 경제활동이라는 것을 구체적으로 확인시켜 줌으로써 경제를 바라보는 시각을 확장시킨다. 이는 삶을 살아가는 방법과 지혜를 배울 수 있는 기본 시각을 갖추게 하는 것이 된다.

또한 원활한 경제활동을 위해서는 경제활동을 위해 만나는 모든 사람들과의 관계를 원만하게 유지하는 것도 중요하다는 것을 깨닫게 한다.

준비물 민주의 일기, 정답지, 필기도구

소요 시간 15~20분

진행 방법

① 아이에게 미리 준비한 '민주의 일기'를 나눠 주고 읽게 한다.

② 경제와 관련된 부분에 밑줄 긋게 하고, 총 몇 곳이 있는지 하단에 숫자로 적게 한다.

③ 정답을 함께 확인하고 설명한다.

나는 아침에 일어나서 밥을 먹었다. 그리고 지난주 내 생일날 할머니가 사 주신 예쁜 옷을 입고 학교에 갔다. 친구들이 예쁘다고 했다. 학교를 마치고 집에 가려는데 친구가 닭꼬치를 사 먹자고 했다. 어제 엄마가 용돈을 10,000원 주셨는데, 저축저금통에 3,000원, 그리고 기부저금통에 1,000원을 넣었다. 그래서 내 주머니에는 6,000원이 있었다. 왠지 간식을 사 먹기 아까운 마음이 들었다. 오늘 아침 엄마는 아빠 월급날이라며 내가 좋아하는 고기반찬을 해주신다고 했다. 그래도 닭꼬치는 먹고 싶었다. 친구와 1,000원을 주고 닭꼬치를 사 먹었다. 참 맛있었다. 그런데 기분이 썩 좋지 않았다. 다음부터는 간식 사 먹는 것을 참고 집에서 맛있는 밥을 먹는 게 더 낫겠다는 생각이 들었다. 그러면 아낀 돈을 저축도 할 수 있을 테니까.

*경제와 관련된 곳은 총 (   )곳이다.

나는 아침에 일어나서 밥을 먹었다. 그리고 지난주 내 생일날 할머니가 사 주신 예쁜 옷을 입고 학교에 갔다. 친구들이 예쁘다고 했다. 학교를 마치고 집에 가려는데 친구가 닭꼬치를 사 먹자고 했다. 어제 엄마가 용돈을 10,000원 주셨는데, 저축저금통에 3,000원, 그리고 기부저금통에 1,000원을 넣었다. 그래서 내 주머니에는 6,000원이 있었다. 왠지 간식을 사 먹기 아까운 마음이 들었다. 오늘 아침 엄마는 아빠 월급날이라며 내가 좋아하는 고기반찬을 해 주신다고 했다. 그래도 닭꼬치는 먹고 싶었다. 친구와 1,000원을 주고 닭꼬치를 사 먹었다. 참 맛있었다. 그런데 기분이 썩 좋지 않았다. 다음부터는 간식 사 먹는 것을 참고 집에서 맛있는 밥을 먹는 게 더 낫겠다는 생각이 들었다. 그러면 아낀 돈을 저축도 할 수 있을 테니까.

*경제와 관련된 곳은 총 (모두)이다.

아이에게 이렇게 설명합니다

일반적으로 '경제'라는 단어를 용돈 관리와 주식이나 환율 등의 어려운 개념들로 먼저 이해합니다. 그러나 '민주의 일기 엿보기'는 경제가 우리와 한 가족처럼 아주 가까이에 있다는 것을 이해시키는 과정입니다. 그 다음에 주식이나 환율로 범위를 좁혀가야만 아이들이 경제를 이해하는 데 훨씬 효과적입니다. 나무를 먼저 보는 것이 아니라 숲을 먼저 보게 되는 것이지요. 결론부터 말하면 민주의 일기 모든 부분이 경제와 관련이 있습니다. 민주가 하루를 살아가는 과정이 모두 경제와 관련된 것이기 때문입니다.

먼저 민주는 아침에 일어나서 밥을 먹었습니다. 그런데 민주가 아침에 일어난 장소는 바로 민주의 집입니다. 경제활동에서 집을 빼놓을 수 없습니다. 또한 민주가 먹은 밥 또한 경제와 관련이 있습니다. 우리는 농부에 의해 생산된 쌀이 이동과정을 거친 후 마트에 들어왔을 때 그것을 돈을 주고 구입합니다. 이때의 각 단계는 모두 경제와 관련이 있습니다. 할머니께서 사 주신 옷도 마찬가지입니다. 공장에서 만들어진 후 이동과정을 거쳐 옷가게에 있던 것을 돈을 주고 구입하는 일련의 경제활동 과정을 거치기 때문입니다. 따라서 닭꼬치, 고기 반찬 등도 모두 경제와 관련이 있습니다. 물론 민주가 용돈의 일부를 저축저금통이나 기부저금통에 넣은 행위도 당연히 경제활동입니다.

여기에서 가장 중요한 것이 있습니다. 바로 민주입니다. 민주는 용돈을 사용하고 있는 주체입니다. 다른 말로 경제주체라고 합니다. 아빠, 엄마, 그리고 할머니가 민주의 옷을 사기 위해 만난 옷가게 점원, 엄마가 마트에서 고기를 사기 위해 만난 점원, 민주가 학교에서 만난 친구들, 그리고 아빠가 직장에서 만나는 직장동료들도 모두 제각기 경제주체입니다. 즉, 사회에서의 인간관계도 경제와 관련이 있습니다.

프로그램을 마친 후 아이와 함께 집에 경제와 관련된 것들이 무엇이 있는지 이야기를 나눠본다. 그리고 사람이 살아가는 데 있어서 사람들과의 원만한 관계가 중요하다는 것을 알려준다. 그리고 평소 대화할 때 아이와 함께 사람들과의 원만한 관계를 가지는 방법에 대해 이야기를 나눠본다.

돈으로 할 수 있는 것과 없는 것

진정한 경제교육은 아이들의 금전적인 관리능력을 키워주는 것과 동시에 다른 사람들과 더불어 살아갈 수 있는 지혜를 가르치는 과정이어야 한다. 그런 의미에서 이 프로그램은 첫 번째로 아이들에게 돈으로 할 수 있는 것, 곧 소득, 소비, 저축, 투자, 신용, 기부에 대한 개념을 알려준다. 그리고 두 번째로 돈으로 할 수 없는 것, 곧 세상에서 가장 비싸고 가치 있는 것에 대해 알려준다. 바로 사람들과 더불어 살아갈 수 있는 가치, V.A.L.U.E를 아이들에게 심어주고자 하는 것이다. 그 다섯 가지의 가치, V.A.L.U.E는 다음과 같다.

V(vision): 꿈과 비전.

A(alive): 살아 있음, 생명.

L(love): 사랑.

U(you): 가족, 친구, 어려운 이웃, 장애인, 다문화 가정 아이들 등.

E(environment): 환경^{국가, 자연환경}.

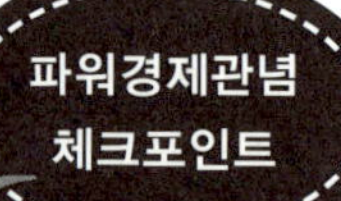

세상에서 가장 가치 있는 것을 깨닫는 지혜

소득, 소비, 저축, 투자, 신용, 기부의 개념을 심어주는 동시에 자신의 진정한 꿈과 사람(가족, 친구, 어려운 이웃, 장애인, 다문화 가정의 아이들)을 사랑하는 마음, 생명에 대한 감사의 마음, 그리고 국가와 자연환경의 소중함을 깨닫게 한다.

준비물 8절 도화지 한 장, 신문, 잡지, 가위, 풀, 색연필

소요 시간 20분

진행 방법

① 아이로 하여금 신문과 잡지에서 이미지를 찾게 한다.

② 준비된 도화지에 오른쪽의 그림과 같은 원을 그린 후 돈으로 할 수

있는 것은 동그라미 안에, 돈으로 할 수 없는 것은 동그라미 밖에 붙이게 한다.

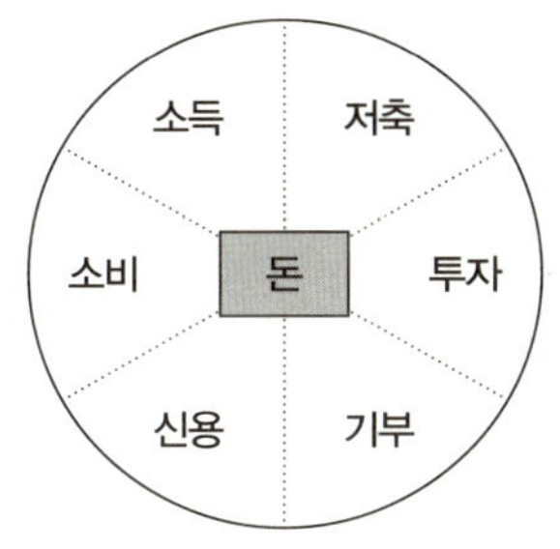

③ 아이들의 수준에 맞게 저학년을 대상으로 할 때는 소득, 소비, 저축, 기부만 먼저 진행하고 고학년을 대상으로 할 때는 투자와 신용을 포함하여 진행한다.

④ 만약 단번에 모두 진행하기 어렵다면 '돈으로 할 수 있는 것'과 '돈으로 할 수 없는 것'을 두 번에 나누어 진행한다.

아이에게 이렇게 설명합니다

금전관리 능력을 키우려면 먼저 가치관을 올바르게 세워야 합니다. 소득, 소비, 저축, 투자, 신용, 기부에 대한 개념을 이해한 다음 돈으로 살 수 없는 것들에는 무엇이 있는지 알아봅니다.

(1) '돈으로 할 수 있는 것'에 대한 설명

	설명	특징 및 예
소득	일(노동)을 통해 얻어지는 돈.	아빠의 월급, 설거지를 하고 부모님께 받는 용돈 등.
소비	필요한 물건을 사기 위해 돈을 쓰는 행위.	간식, 옷, 학용품 등의 구입.

저축	돈을 차곡차곡 모으는 행위.	이자는 낮으나 안정적이다.
투자	돈을 불려나가는 개념의 행위.	큰 수익을 목적으로 한다. 잘못하면 큰 손해를 볼 수도 있다.
신용	금융기관 등에서 필요한 돈을 빌리는 행위.	대출 등.
기부	어려운 이웃을 위해 돈이나 물건 등을 무상으로 제공하는 행위.	아프리카 어린이 돕기. 수해 지역 돕기 모금 등.

(2) 돈으로 할 수 없는 것에 대한 설명

① 생명

생명은 돈으로 환산할 수 없는 가치를 가지고 있습니다. 그런데도 우리는 전혀 값을 치르지 않은 채 주어진 생명을 누리고 있습니다. 생명을 누린다는 것은 그것만으로도 큰 축복입니다.

② 환경

우리를 둘러싼 환경은 크게 두 가지로 볼 수 있습니다. 하나는 국가이고, 다른 하나는 자연입니다. 국가가 없으면 일제강점기 때처럼 힘 있는 다른 나라의 지배를 받으며 굴욕적으로 살아야 합니다. 또 깨끗한 자연이 없으면 우리 생명을 건강하게 유지할 수가 없습니다.

가치를 알아야 경제가 보인다

③ 사람

가족과 친구, 선생님, 어려운 이웃 등 나를 둘러싼 모든 사람들을 사랑해야 합니다. 그리고 소중히 여기고 감사의 마음을 품어야 합니다. 특히 장애인과 다문화 가정 아이들에게 잘못된 편견을 가져서는 안 됩니다. 그들은 몸이 조금 불편하고 우리들과 모습이 조금 다를 뿐 똑같이 소중한 생명을 가졌습니다. 그들 역시 소중하고 존중받아야 마땅합니다. 따라서 그들과 함께 더불어 살아가는 것은 매우 중요합니다.

④ 꿈

잘하는 일, 행복해지는 일을 할 때 우리는 무한한 가능성을 발휘합니다. 꿈은 미래의 자기 모습을 설계하는 것입니다. 내가 잘할 수 있는 것, 그 일을 할 때 행복해지는 것을 찾아 그에 맞는 미래를 설계해야 합니다. 그러면 그 꿈에 조금 더 빨리 다가갈 수 있습니다.

⑤ 사랑

생명, 자연, 사람, 꿈을 바라보는 시각의 전제는 사랑입니다. 이 모든 것을 소중히 여기고 사랑할 줄 아는 마음을 가지면 이 시대를 이끌어 가는 리더가 될 수 있습니다. 사랑하는 마음을 통해 세상을 품을 수 있게 되는 것입니다.

(3) 결론

올바른 가치관을 정립한 연후에 돈의 쓰임에 대해 알아야 합니다. 그래야만 돈을 가치 있는 곳에 사용할 수 있습니다. 가치 있는 것을 선택할 수 있다는 것은 자신의 삶을 가치 있게 만들어나갈 수 있는 지혜와 힘을 얻었다는 의미입니다.

자기밖에 모르는 사람은 자신만을 위해 돈을 저축합니다. 때문에 인색하다는 평판이 따릅니다. 반면 사람에 대한 사랑이 많은 아이는 저축한 돈을 기꺼이 이웃을 위해 사용합니다. 그런 아이에게는 칭찬과 찬사가 따릅니다. 그리고 이 칭찬은 그 아이를 행복한 성공자로 이끌 것입니다.

 한 번의 프로그램으로 아이에게 '가치 있는 것'을 완전히 이해시킬 수는 없다. 따라서 평소에 '공짜로 누리고 있지만 돈으로는 살 수 없는 아주 값진 것'들에 대해 자주 이야기를 나눠본다. 그리고 '돈은 우리의 삶에서 필요한 것이지만 그것이 인생의 목적이 되어서는 안 된다'는 사실을 알려준다. 자신만을 위한 삶이 아닌 나눔의 삶을 살 수 있는 것이 진정 행복한 삶이라는 것도 알게 해주어야 한다.

실천 가능한 용돈 관리

이 프로그램은 '행복해지는 용돈 관리102페이지'에서 소개했던 내용으로 가정에서 직접 진행할 수 있도록 자세히 설명했다.

용돈 관리의 목적은 용돈기입장을 쓰는 것에 있지 않다. 용돈기입장을 쓰는 이유도 실천을 가능하게 하기 위한 것이다. 아이들이 용돈 관리를 실천하도록 하기 위해서는 우선 용돈 계획이 얼마나 중요한지를 깨닫게 해야 한다. 그 방법은 다음과 같다.

용돈 계획은 똑똑한 용돈 관리 실천의 첫 걸음!

아이들은 용돈을 부모님께 받고 주로 소비하는 데 사용한다. 그런데 남은 금액을 어떻게 할 것인지에 대해 물어보면 아이들은 "나중에 사용한다" 또는 "부모님께 다시 드린다" 등의 대답을 한다. 하지만 실제로는 남은 돈을 주머니에 넣고 다니다가 간식을 사 먹는 데 사용하기 쉽다. 계획 없는 소비를 하는 것이다. 그러나 용돈 사용에 관해 미리 계획을 세우면 용돈 관리를 효과적으로 할 수 있게 된다.

준비물 미니장터, 필기도구

소요 시간 20분

진행 방법

① **1단계**

- 아이가 좋아하는 품목의 물건과 가격을 미니장터의 빈칸에 채우게 한다.

- '용돈 금액'란에 금액을 적게 한다(5천 원~1만 원 정도).

- 구입할 물건을 정하고 '미니장터'에서 동그라미로 표시하게 한다.

− 하단에 사용한 금액과 남은 금액을 적게 한다.

− 남은 돈으로 무엇을 할 것인지 물어본다.

용돈 금액__________원

과자 1,000원	아이스크림 1,000원		카네이션 3,000원
	튀김 500원	PC방 1,000원(시간당)	술 2,000원
	컵 떡볶이 500원		캐릭터 양말 1,000원
햄버거 2,000원	학교 준비물 1,000원	용돈기입장 500원	담배 3,000원
사발면 1,000원	쥐포 100원	쫀드기 100원	집에서 먹는 맛있는 식사 0원

사용한 금액__________원   남은 금액__________원

미니장터

② 2단계

− 처음으로 다시 돌아가서 용돈 계획서에 용돈 금액을 적게 한다

(용돈 금액은 1단계와 동일하게 적는다).

− 용돈을 어떻게 사용할지 미리 용돈 계획서를 작성하게 한다.

− 계획한 금액만큼 '미니장터'에서 살 물건을 골라 표시하게 한다.

- 아이가 '소비로 계획한 금액'을 초과해서 물건을 구입하고 싶어
  하면 부족한 금액을 어떻게 충당해야 할지 물어본다.
- 1단계와 2단계의 차이점이 무엇인지 물어본다.

소득	금액	지출	금액	구입할 물건
용돈	원	저축(투자)	원	
설거지	원	기부	원	
심부름	원	소비	원	
소득 합계	원	지출 합계	원	

용돈계획서

* [저축+기부+소비]의 지출 합계와
[용돈+설거지+심부름]의 소득 합계가 일치해야 한다.
* 저축: 은행에 예금하는 적금통장
* 투자: 주식형 적립식펀드

아이에게 이렇게 설명합니다

우리는 평소 용돈을 학교 준비물을 사거나 간식을 사 먹는 등 저축이나 기부보다는 소비를 하는 데 주로 사용하고 있습니다. 용돈의 다양한 사용법 중 소비를 가장 먼저 배우고 있는 것입니다. 1단계 프로그램은 바로 이러한 모습을 반영합니다. 남은 용돈을 저축이나 기부에

쓰겠다는 사람도 있지만 대부분은 남은 돈에 대한 계획이 뚜렷하지 않습니다.

반면 2단계 프로그램에서는 용돈 계획서를 작성하게 한 다음 소비하게 합니다. 그러면 같은 용돈을 받지만 일부는 저축도 하고 일부는 기부도 실천합니다. 용돈 계획을 하느냐 하지 않느냐가 저축과 기부를 실천할 수 있느냐 없느냐의 결과로 이어지는 것입니다.

또한 아이가 소비해야 할 금액이 때때로 부족할 때도 있습니다. 그때는 설거지 등 집안일을 통해 추가로 용돈을 받을 수 있다는 것을 설명합니다. 이 과정을 통해 부족함을 스스로 극복하는 지혜를 얻게 됩니다.

용돈의 계획과 실천은 실제 우리 삶의 질로 이어집니다. 저축은 앞으로의 삶을 풍요롭게 하기 위한 행위이고, 기부는 삶을 보다 가치 있게 하는 행위입니다. 따라서 저축과 기부는 우리의 삶을 풍요롭고 아름답게 가꿀 수 있게 만들어줍니다.

참고로 기부는 어려운 것이 아닙니다. 가진 것의 일부를 어려운 이웃을 위해 즐거운 마음으로 나누어 주는 것뿐입니다. 그런 마음을 키워야 더 큰사람으로 성장할 수 있습니다.

아이가 용돈을 받으면 용돈 계획서를 작성하여 저축과 기부를 실천한 후에 소비할 수 있도록 도와주어야 한다.

물론 매번 계획서를 작성하는 것은 어려운 일이다.

그럴 때는 저금통을 두 개를 준비해 저축저금통과 기부저금통으로 구분한다. 용돈을 줄 때는 지폐 한 장으로 주지 말고 1천 원권 열 장, 다섯 장 등으로 쪼개서 준다. 그런 다음 용돈을 받은 즉시 각각의 저금통에 일부를 넣을 것인지 아이 스스로 결정하게 하고, 그 금액을 넣게 한다. 이 방법은 용돈의 계획과 실천을 동시에 이루어지게 할 뿐 아니라 저축과 기부가 습관으로 자리 잡을 수 있게 한다.

저축저금통에 일정 금액 이상이 모였다 싶을 때(분기에 한 번 정도)는 아이와 함께 금융기관에 들러 통장에 입금한 후 통장을 아이에게 보여준다. 이 과정을 통해 아이는 저축의 기쁨을 누리게 될 것이다.

기부저금통에 있는 돈은 기부단체에 송금한다. 그러면서 그 단체가 하는 일에 대해 아이와 이야기를 나누도록 한다. 그리고 아프리카 아이들을 위해 사용할지, 어려운 다문화 가정을 도울지 등 기부할 곳을 스스로 선택하게 해야 한다. 적은 돈이지만 내 돈이 어려운 이웃을 위해 쓰였다는 것을 알게 되면 아이도 뿌듯해 할 것이다.

합리적이고 가치 있는 소비의 실천

이 프로그램은 '행복해지는 용돈 관리102페이지'에서 소개했던 내용과 맥락을 같이한다. 이 프로그램은 돈을 합리적이고 가치 있게 사용하는 방법을 가르치기 위해 '선택'의 중요성에 대해 강조한다. 이를 아이의 용돈 관리에 적용하면 좋은 용돈 관리 습관을 만들 수 있다.

선택도 경제다!

어떠한 것을 선택하느냐에 따라 그 결과가 달라지기 때문에 경제활동에 있어서 선택은 매우 중요하다. 따라서 이 프로그램은 어떤 것에 우선순위를 두고 소비해야 지혜로운 소비를 할 수 있는지 알려준다. 즉, 건강을 위한 소비, 따뜻한 마음으로 감사의 마음을 표하는 소비 등 가치 있는 소비와 필요한 것을 먼저 사는 합리적인 소비의 실천 방법을 배우게 된다.

준비물 도화지, 대형마트 전단지, 가위, 풀, 색연필, 필기도구

소요 시간 20분

진행 방법

① 오늘을 아이와 함께 마트에서 장 보는 날로 설정하고, 도화지에 필요한 물건들을 장바구니에 담듯 전단지에서 사고 싶은 물건을 오려서 붙이게 한다.

② 금액에 관계없이 아이가 사고 싶어 하는 물건을 모두 자유롭게 담게 한다.

③ 오릴 때 물건의 가격을 함께 오려 붙인다. 가격이 없다면 예상가격을 함께 적어놓는다.

④ 사고 싶은 물건이 대형마트 전단지에 없다면 그림으로 그려 넣는다.

장바구니

아이에게 이렇게 설명합니다

(1) 합리적인 소비

① 필요한 것과 원하는 것 구분하기

우리는 필요한 것과 원하는 것에 대해 구분할 수 있어야 합니다. 다 떨어진 운동화를 신고 있다면 운동화는 우선 사야 하는 물건, 즉 필요한 것입니다. 하지만 아직 신을 만한 운동화가 많은데도 또 사고 싶다면 그것은 필요한 것이 아니라 원하는 것입니다.

② 당장 필요한 것을 위한 소비

도화지에 붙인 물건들 중 지금 당장 없어서는 안 되는 것에는 'N'을, 당장 사지 않아도 되는 것에는 'W'를 적어봅니다. 그러면 우리가 선택한 물건들 중 대부분이 'W', 즉 원하는 것이라는 사실을 알게 될 것입니다. 현명한 소비를 하기 위해서는 당장 필요한 것들을 사는 일이 우선되어야 합니다.

③ 필요를 중심에 둔 용돈 사용

용돈을 사용할 때도 당장 필요한 것과 그렇지 않은 것을 구분하면 합리적인 소비 습관을 기를 수 있습니다.

(2) 가치 있는 소비

① 나와 가족을 위한 소비

우리가 산 물건들이 '누구를 위해 산 물건'인지 하나하나 표시해봅니다. 나를 위해 산 물건에는 '나'라고 적고, 가족 모두를 위해 산 물건에는 '가족'이라고 적습니다. 우리는 소비의 대부분을 자기 자신과 가족을 위해 합니다. 나와 우리 가족을 위한 소비도 가치 있는 소비입니다.

② 다른 사람들을 위한 소비

학교나 학원 선생님께 감사의 마음을 담아 음료수를 사다 드리는 일이나 매점에 가기 어려운 장애인 친구의 간식을 챙겨주는 일처럼 나와 가족 외의 다른 사람들을 위한 소비도 중요합니다. 오늘 장바구니에 담은 물건 중에서 다른 사람들과 나누고 싶은 물건 하나를 따로 표시해봅니다. 이를 통해 나누는 마음을 배울 수 있습니다. 더불어 다른 사람에게 간식 같은 것을 나누어 주는 것도 좋지만, 그보다 더 중요한 것은 따뜻한 인사와 말 한마디로 마음을 나누는 일이라는 것도 이야기해주세요!

③ 건강을 위한 소비

라면이나 햄버거 같은 인스턴트식품을 사는 것은 건강에 별로 좋지 않은 소비입니다. 건강은 한번 잃어버리면 다시 회복하기 아주 어렵습니다. 때문에 건강할 때 지키는 것이 중요합니다. 인스턴트식품보다는 야채나 과일을 사는 데 소비한다면 건강에 도움이 되는, 가치 있는 소비가 될 것입니다.

④ 환경을 지키는 소비와 절약

너무 많은 음식을 사면 남아서 버리는 일이 생길 수 있습니다. 음식 물쓰레기는 환경오염의 주된 원인 중의 하나입니다. 적당한 양을 사는 것은 환경을 지키는 일이 됩니다. 또 필요한 만큼만 사게 되면 그만큼 절약을 할 수 있습니다.

용돈 관리를 할 때 오늘 구입한 물건들이 필요한 것이었는지, 원하는 것이었는지 구분할 수 있도록 가끔씩 피드백을 해줄 필요가 있다(68페이지 참고). 또 이 프로그램을 진행한 후 그 내용을 일기로 남기게 하면 아이 스스로 용돈 관리에 대해 생각해보는 기회가 될 것이다.

평소 소비습관에 대해 이야기를 나눌 때 잘하고 있는 점에 대해서는 반드시 칭찬해주도록 한다. 다소 부족한 부분이 있더라도 대화를 통해 아이 스스로 느낄 수 있도록 유도해야 한다. 또 이때는 "그런 무계획적인 소비는 이제부터 하지 마라"는 식의 부정적인 명령의 표현보다는 "앞으로 저축의 습관을 키워나가자"라는 식의 긍정적인 청유가 더 효과적이다.

실제로 이 프로그램 진행 시 아이들은 놀이라는 생각에 필요 이상으로 많은 물건을 선택한다. 이는 때때로 필요 이상의 물건을 구입하는 어른들의 모습을 반영한 것이기도 하다. 따라서 평소 장을 볼 때 알뜰한 장을 보기 위해 애쓰는 모습을 보이고, 아이들과 알뜰한 장보기에 대한 대화를 나누는 것이 필요하다.

꿈을 담은 지폐 만들기

이제는 아이들에게 꿈을 심어주고 아이들이 꿈을 향해 더 열심히 살아갈 수 있도록 동기부여를 해주는 '꿈을 담은 지폐 만들기' 프로그램을 진행해보고자 한다. 꿈을 설정할 때는 아이가 무엇을 했을 때 가장 행복하고 기쁜가를 중심으로 대화를 시작하는 것이 좋다.

꿈은 이루어진다!

'꿈을 담은 지폐' 프로그램은 아이에게 꿈을 구체화시키고, 그 꿈을 향해 전진할 수 있는 힘을 갖게 한다.

준비물 아이의 사진, 백지 또는 꿈 지폐 견본, A4용지 크기의 색상지, 색연필, 가위, 풀

소요 시간 15~20분

사전 대화

① 꿈의 설정을 아예 처음부터 시작한다는 마음으로 다섯 가지 질문을 아이에게 던져서 미래의 꿈에 대한 대답을 들을 수 있도록 자연스럽게 유도한다.

- 너는 무엇을 할 때 가장 기쁘고 행복하니?

- 너는 어떤 것을 잘하니?

- 친구들이 너에게 무엇을 가장 잘한다고 이야기를 해주니?

- 너는 나중에 어떤 사람이라는 평가를 받고 싶니?

- 그렇다면 너는 어떤 일을 가장 잘할 수 있다고 생각하니?

다섯 가지 질문으로 일관된 한 가지 답을 찾을 수 있다면 그는 꿈이 확고한 아이일 것이다. 그러나 그렇지 않은 경우에는 꿈을 탐색하는 시간이 더 필요하다. 아직 어리기 때문에 보통은 일관되지 않은 경우가 더 많다. 하지만 이 대화를 통해 자신의 꿈이 무엇인지 생각해보는 시간을 갖는 것 자체로도 의미가 있다.

② 디자이너, 가수, 의사 등 꿈을 이야기하면 어떤 디자이너가 되고 싶은지, 어떤 가수가 되고 싶은지 비전에 대해 구체적으로 물어본다.

③ 자신의 꿈을 글로 써보게 한다. 한 조사에 따르면 꿈을 글로 써놓은 사람의 경우 그렇지 않은 경우보다 소유한 것이 훨씬 많았다고 한다.

'소유한 것이 많다'라는 의미는 부의 축적만을 이야기하는 것이 아니다. 자신의 꿈을 이룸과 동시에 많은 이들에게 존경받는 사람이 되었다는 것을 뜻한다. ㈜소셜마스터의 손정일 대표는 자신의 사무실에 '나로 인해 내 주변 사람들이 지금보다 더 나은 삶을 살아가는 것'이라는 비전을 걸어두었다고 한다. 실제로 그는 《10억짜리 꼼수 소셜마케팅》이라는 책을 발간하여 블로그, 페이스북으로 당장 매출을 두 배 올릴 수 있는 비법을 공개함으로써 많은 소상공인들에게 힘을 주고 있다. 아이들도 자신의 꿈을 적어놓고 매일 되새기면 그것을 이루기 위해 노력하는 자세를 갖게 될 것이다.

진행 방법

① 백지에 색연필로 미래의 지폐를 그리도록 한다. 금액은 현재 없는 고액권이어도 좋다. 10만 원권, 100만 원 권 등 아이와 대화하여 금액을 정한다. 또는 꿈 지폐 견본을 활용한다.

② 우측에 아이의 얼굴 사진을 오려 붙이게 한다.

③ 색상지에 완성된 꿈 지폐를 붙이고 그 하단에 아이의 꿈과 비전을 함께 쓰게 한다.

④ 아이 방 눈에 띄는 곳에 비치한다.

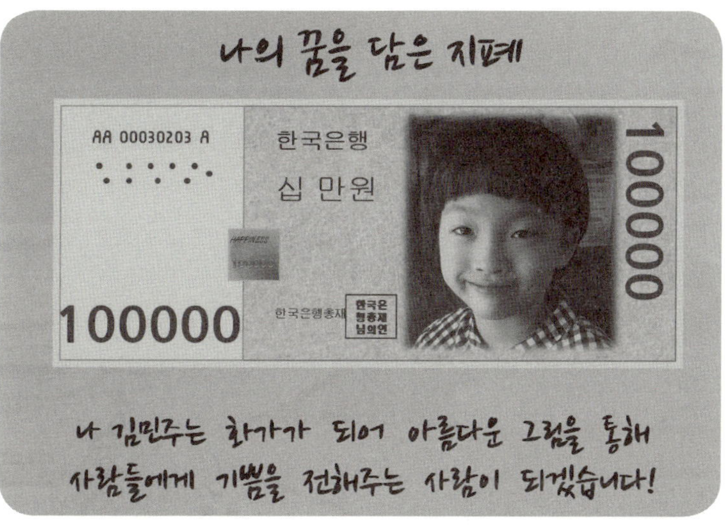

※ 꿈을 담은 지폐의 견본은 파워경제교육센터 사이트 http://powereco.kr에서 내려받기가 가능합니다.

① 화폐 속 위인들의 특징

화폐 속 위인들은 위대한 업적을 남겼습니다. 위대한 업적은 저절로 이루어지는 것이 아닙니다. 그들에게는 꿈이 있었고, 꿈을 향해 피나는 노력을 했기 때문에 가능했습니다. 그래서 그들은 모두 많은 이들에게 존경을 받고 있습니다. 존경을 받지 못하는 사람이 화폐 속 인물로 채택되는 일은 앞으로도 없을 것입니다.

② 존경받는 사람의 특징

존경받는 사람들은 첫째로 타인에 대한 사랑의 마음을 품고 있습니다. 관용, 겸손, 용서, 화평 등 사랑의 마음을 가진 사람은 누구보다 훌륭한 사람이 될 수 있습니다.

둘째로 검소한 생활을 합니다. 사치스럽거나 낭비벽이 심한 사람들은 존경받기 어렵습니다.

이 프로그램을 진행할 때 가장 중요한 것은 아이와의 대화다. 위인들의 특징을 대화를 통해 아이 스스로 찾게 한다면 더없이 좋다. 예를 들어 "화폐 속 위인들의 특징은 뭘까?"

라는 질문을 함으로써 아이가 생각하게 만드는 것이다. 이 과정을 통해 아이는 위인에 대해 많은 것을 알게 된다.

꿈 지폐가 완성되었다면 아이가 잘 볼 수 있는 곳에 비치한다. 액자에 넣어 걸어두는 것도 좋다.

아이가 공부를 하지 않거나, 시간활용을 잘하지 못한다면 "꿈을 이루려면 많은 노력이 필요하다"는 말이나 "네 꿈을 위해 노력하자"라는 말로 '꿈'을 상기시켜 준다.

최근 설문조사에서 아이들이 부모로부터 가장 많이 듣는 잔소리의 1위로 "공부해!"가 꼽히기도 했는데, 꿈을 활용한 대화가 "공부해"라는 잔소리보다 더 큰 힘을 실어줄 수 있을 것이다.

경제일기 쓰기 1

가정 내 경제교육의 하이라이트는 바로 '경제일기 쓰기'다. 이는 생각보다 어렵지 않다. 일상생활에 초점이 맞춰져 있는 지금의 아이 일기에서 내용을 조금 확대하기만 하면 된다.

경제일기는 주어진 주제에 대해 구체적으로 대화를 나눔으로써 다양한 각도에서 쓸 수 있도록 해야 한다. 먼저 '가격변동일기'를 써보게 한다. 의외로 쉽게 접근할 수 있다.

미래의 가격변동을 예측하는 힘 키우기

가격변동을 몸에 익히는 훈련은 매우 중요하다. 아이가 성인이 되어 투자의 영역에 발을 내딛을 때 다른 사람들보다 여유 있는 시작을 할 수 있게 된다.

여유자금으로 투자하는 올바른 투자 마인드와 미래의 가격변동을 예측하는 힘을 기를 수 있다.

진행 방법

① 아래의 표를 참조하여 관심 있는 주제 하나를 선정한 후 진행한다. 그리고 하나의 주제에 대해 진행이 완료되면, 점차적으로 주제를 바꿔본다.

주제		내용	횟수
가격변동 1 (원자재)	농산물	쌀, 콩, 야채, 과일 등의 가격 변동은 뉴스나 동네 마트에서도 쉽게 접할 수 있다.	주 1회
	금	포탈검색 사이트에서 '금시세'를 입력하면 금 1돈의 가격을 쉽게 검색할 수 있다.	
	유가	자동차 주유를 할 때 리터당 휘발유 값에 대해 이야기해본다.	
가격변동 2 (금융 관련)	주가	아이의 관심종목을 선정한 뒤 그 종목의 주가 흐름에 대해 이야기를 나눈다.	
	환율	미국 달러환율의 변동을 체크한다.	
	금리	1년 은행 예금금리의 변동에 대해 이야기해본다.	

② 아이가 관심을 갖는 한 가지 항목(농산물, 주식종목, 유가, 환율
등)을 선택하게 한다.

③ 도화지에 가격변동기록표를 그린 후 거실에 비치하도록 한다.
'가격변동기록표 1'처럼 부모님과 교대로 날짜의 KOSPI지수와
변동 사유를 표에 기록한다.

날짜	KOSPI지수 (포인트)	변동 사유
●●년 ●월 ●일	2,000	전일보다 소폭 하락. 휴가철 시작으로 거래량 둔화 .
▲▲년 ▲월 ▲일	1,980	주가 하락. 최근 해외시장에 영향(유럽 금융위기).
■■년 ■월 ■일	1,970	주가 하락. 우리나라 금리 인상 영향.
◆◆년 ◆월 ◆일	1,985	주가 상승. 유럽 자금지원 대책 발표.

가격변동기록표 1

④ 각각의 정보는 뉴스, 인터넷 검색을 활용한다.

⑤ 미래의 가격변동에 대해 예측하는 게임 시간을 갖는다. 예를 들
어 내일의 KOSPI지수나 일주일 뒤 혹은 태풍이 지나간 뒤의 수
박가격을 맞히게 하는 것이다. 내기에서 지는 사람에게 '설거지
하기' 등의 집안일을 맡기도록 한다.

⑥ 한 주제에 대한 진행이 완료되면 다른 항목을 선택하여 '가격변동
기록표 2'처럼 선택한 항목의 가격과 가격변동 이유를 기록한다.

날짜	수박 한 통 가격 (원 / 10kg)	변동의 이유
●●년 ●월 ●일	20,000	아직 본격적으로 수박이 나올 때가 아니어서 수박 가격이 비쌈.
▲▲년 ▲월 ▲일	15,000	한 달 뒤. 날씨가 점차 더워지고 수박의 수확량이 많아지면서 가격이 떨어짐.
■■년 ■월 ■일	25,000	폭염이 지속되고 휴가철이 되면서 수박 구매가 늘어나서 가격이 오름.

가격변동기록표 2

아이에게 이렇게 설명합니다

가격변동과 변동 이유를 이해하는 것은 곧 투자의 기본입니다. 따라서 가격변동에 대한 경제일기를 쓰게 되면 자연스럽게 투자 감각을 향상시킬 수 있습니다. 주식의 경우에는 위험이 따른다는 것도 알 수 있습니다. 때문에 무리한 투자는 해서는 안 됩니다.

농산물, 유가, 환율, 주가 등 종류는 다르지만 가격변동의 원리는 하나입니다. 그 핵심은 '사는 사람이 많으면 가격이 올라가고 파는 사람이 많으면 가격은 떨어진다', 그리고 '생산량이 많아지면 가격이 떨어지고 생산량이 적어지면 가격이 올라간다' 입니다. 가격변동 일기를 통해 아이는 이 원리를 쉽게 이해하게 됩니다.

증권회사에 가서 아이 명의로 주식계좌를 개설한 후 소량의 주식이라도 아이의 판단에 따라 직접 매수를 해보

게 하는 것도 좋다. 실제로 연초에 세뱃돈으로 받은 금액을 투자하기 위해 부모와 아이가 함께 증권사를 방문해 주식계좌를 개설하거나 펀드적립식에 입금하는 아이들이 이전보다 많은 편이다. 이런 과정을 일기를 통해 남기면 미래를 예측하는 힘을 기르는 데 도움이 된다.

간혹 주식투자를 투기처럼 생각해 아이와 무조건 멀리 두려는 부모들도 있다. 그러나 부모와 함께 하는 투자를 통해 아이는 수익도 보고 손실도 보는 투자의 생리를 이해하면서 주식투자가 결코 쉽지 않다는 사실을 경험한다. 그리고 이는 성인이 되었을 때 올바른 투자, 즉 여유자금으로 하는 투자를 하게 할 것이다. 또한 이러한 아이의 올바른 투자 마인드는 아이의 행복한 삶을 지켜주는 통로가 되어줄 것이다.

경제일기 쓰기 2

이번에는 가격변동을 제외한 나머지 분야를 주제별로 세분화한 후 각 주제별 경제일기를 써본다. 일상생활을 주로 쓰는 일기에 주 1회 정도는 주제에 맞는 내용을 쓰게 한다.

경제일기의 주제는 다음의 표와 같이 다양하게 선정할 수 있다. 각 가정의 상황에 맞게 다양한 주제를 선정한다면 더 효과적이다.

주제	내용	횟수
꿈. 비전	꿈과 그에 따른 계획, 실천 방법 및 다짐 등을 기록한다.	월 1~2회

용돈 관리	저축, 투자, 기부, 소비 등 용돈을 관리한 내용을 기록한다.	월 1~2회
나눔	부모님, 선생님, 비장애인 친구, 장애인 친구, 다문화 가정 친구 등 주변 사람들과 간식이나 마음을 나누었던 일들에 대해 기록한다.	월 1~2회
건강	하루 식사와 간식에 대해 기록한다. 안전의식(자동차 주행 중에 창밖으로 신체의 일부를 내미는 등의 행동)에 대한 내용을 기록한다.	월 1~2회
가치	자연, 국가, 생명, 가족, 사랑에 대한 생각을 기록한다.	월 1~2회

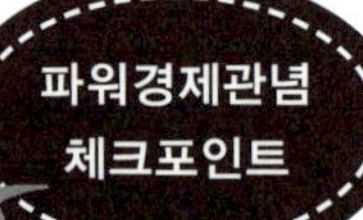

스스로 적어보는

경제활동 피드백의 힘!

경제일기 쓰기의 키포인트는 바로 아이 스스로 일기를 쓰며 깨닫고 느끼는 것이다. 일상의 생활과 더불어 용돈 관리, 기부, 돈으로 살 수 없는 가치 등을 일기로 기록한다는 것은 행복한 부자로의 기반을 다지는 일이 될 것이다.

아이에게 이렇게 설명합니다

① 일기의 비중

경제일기를 쓸 때 가장 중요한 것은 스스로 쓰는 것입니다. 경제일기 쓰는 것이 어느 정도 습관이 되면 일상일기의 비중을 줄이고 경제일기 비중을 늘리는 것이 좋습니다.

② 꿈, 비전

꿈, 비전에 대한 일기는 꿈을 잃어버리지 않고 꾸준히 노력할 수 있도록 해줍니다. 꿈과 비전은 공부나 저축을 하는 데 있어서 훌륭한 동기가 되어줍니다.

③ 용돈 관리

용돈 관리 일기는 용돈을 관리하면서 느낀 점을 적는 것입니다. 생각보다 많은 소비를 해서 저축을 하지 못했다면 용돈 관리 일기를 계기로 반성하게 됩니다. 또한 일기를 통해 실천할 수 있는 계획을 세울 수도 있습니다. 용돈 관리 일기는 용돈 관리의 지혜를 얻을 수 있도록 하는 것이지요.

④ 나눔

부모님, 선생님, 비장애인 친구, 장애인 친구, 다문화 가정 친구들과의 나눔을 적으면 함께 나누며 살아가는 일들이 주는 참된 기쁨을 알게 될 것입니다.

⑤ 건강

건강일기는 식사나 간식에 대한 이야기, 안전의식에 대한 이야기 등에 대해 쓰는 것입니다. 아토피가 있는데 과자를 많이 먹는다거나 인스턴트식품을 지나치게 좋아하는 것은 건강에 좋지 않습니다. 건강일기는 내가 하루 동안 먹은 음식을 살펴보며 '건강에 도움이 되는 음식이었나?'를 생각하게 할 것입니다. 그리고 그에 따라 반성도 하고 결심도 하게 될 것입니다.

또 주행 중인 자동차 안에서 창밖으로 손이나 얼굴을 내미는 위험한 행동을 하고 있지는 않은지 스스로를 체크해볼 수도 있습니다. 그런 장난이 얼마나 위험한 일이지, 어떤 사태를 불러올 수 있는지의 확인을 통해 안전의식을 높일 수 있습니다.

⑥ 가치

우리는 생명, 가족, 국가, 자연 등의 가치를 잊고 살아갈 때가 많습니다. 보통은 잃어버린 다음에야 가치를 느끼게 됩니다. 가뭄이 들어야 비의 가치를 알게 되는 것처럼 말입니다. 가치일기는 귀한 것들을 잃어버리기 전에 그 소중함을 되새기는 기회가 될 것입니다.

오늘은 어떤 경제일기를 먼저 써볼지 아이와 함께 주제를 정해보자. 경제일기를 쓰면서 아이는 보다 나은 삶을 살기 위해서는 앞으로 어떻게 행동해야 할지를 스스로 깨닫게 될 것이다.

경제일기는 가장 먼저 아이들이 부담을 느끼지 않고 즐겁게 쓸 수 있는 내용으로 시작해야 한다. 그리고 차차 신문이나 뉴스를 활용하며 범위를 넓히는 것이 좋다.

사례 1. 10만 원짜리 상품권

3학년 최지연

2012년 7월 23일 월요일

제목: 10만 원의 상품권

나는 오늘 도서관에 있었는데 문자로 이마트에서 10만 원짜리 상품권이 왔다는 소식을 알았다. 그래서 옷을 갈아입고 이마트로 갔다. 이마트에서 10만 원짜리 상품권을 가지고 음료수, 과자, 아이스크림 등을 샀다. 그리고 고기 한 근을 샀다. 엄마가 2천200원짜리 작은 레고도 사주셨다. 계산대에 가서 상품권으로 계산을 했다. 그래서 상품을 잔뜩 들고 마트에서 나왔다. 다음번에도 이런 기회가 주어졌으면 좋겠다.

상품권으로는 해당 마트의 모든 물건을 구입할 수 있습니다. 그런데 선물 받은 상품권으로는 필요 이상의 물건을 살 때가 많답니다. 상품권도 현금과 마찬가지이니 꼭 필요한 물건을 사는 데 활용하는 것이 중요합니다. 그러면 남은 금액으로 다음에 더 좋은 것을 살 수도 있겠지요?

그러나 때로는 공짜로 받은 상품권으로 기분 좋게 가족들과 맛있는 음식을 사 먹는 기쁨을 누리는 것도 좋은 일입니다. 지연이 가족처럼!^^

사례 2. 카드놀이

3학년 이유민

2012년 8월 10일 금요일

제목: 카드놀이

오늘 경제교실에서 카드놀이를 했다. 선생님께서는 게임하면서 공부도 하게 된다고 하셨다. 그래서 토질오염(땅), 수질오염(물), 대기오염(공기)을 배웠다. 토질오염은 땅이 오염되는 것이고, 수질오염은 물이 오염되는 것이고, 대기오염은 공기가 오염되는 것이라고 배웠다. 그런데 비슷한 카드가 나와야 하는데 다른 것만 계속 나왔다. 오늘은 정말 운이 안 좋았다.

윤은 안 좋았지만 토질오염, 수질오염, 대기오염을 배우게 되어서 기뻤다. 그리고 카드놀이도 정말 재미있었다. 또 친구들이 자꾸만 계속 잘 안 나온다고 웃어서 정말 기분이 안 좋았지만 재미있었다.

유민이는 일기를 카드놀이를 할 때 그림이 잘 맞지 않아 기분이 별로 좋지 않았다는 내용으로 시작했는데, 끝에서는 토질오염, 수질오염, 대기오염에 대해 배워서 기뻤다고 했네요! 그리고 카드놀이도 재미있다고 써놓았군요! 너무너무 예쁜 모습이에요. 앞으로도 긍정적으로 생각하면 친구들과 좋은 관계를 유지할 수 있고 더 나아가 큰사람이 될 수 있을 거라 생각합니다. 긍정적인 유민이를 칭찬합니다!^^

4학년 박나영

2012년 8월 24일 금요일

제목: 우리의 환경에 미치는 영향

내가 경제교실에서 했던 것 중 가장 인상 깊었던 것은 환경에 대한 카드놀이였다. 우리가 잘못해서 버린 쓰레기가 환경을 오염시킨다는 것이 놀라울 따름이다. 그래서 나라도 먼저 샴푸, 린스, 세제 등을 적게 써야겠다고 마음먹었다. 그러면 다른 사람들도 그럴 것이다. 내가 먼저 실천하는 것이 좋겠다. 옛날에는 샴푸를 손 가득 채워 썼지만 이제는 두세 번만 눌러 쓴다. 린스도 한두 번만 눌러서 쓰니까 왠지 모르게 기분이 좋았다. 우리가 강에 버린 쓰레기가 강을 오염시키고, 잘못해서 바다에 버린 쓰레기가 바다를 오염시키고, 산에 버린 쓰레기가 산을 오염시킨다. 우리가 자연환경을 보존해야 하는데 보존하기는커녕 오염시키고 있다는 것을 반성해야 하는 것이다. 우리 모두 환경을 지켜 깨끗한 나라가 되었으면 좋겠다.

지도 나영이는 교육 이후에 일기를 썼네요! 배운 내용을 집에서 실천하고 있다는 것을 굉장히 칭찬해주고 싶어요! 그 전에는 샴푸를 손에 가득 담아 썼는데 지금은 절약해서 사용하고 있군요! 나영이와 같은 생각을 가진 사람들이 늘어나면 아름다운 자연환경을 오래도록 유지할 수 있을 것 같다는 생각이 드네요! 앞으로도 환경지킴이 나영이의 모습을 기대할게요!

카드놀이

'경제와 환경' 시간에는 위의 두 일기의 내용처럼 아이들에게 환경
에 대해 쉽게 알려주기 위해 카드놀이를 진행한다.

1. 대기오염, 수질오염, 토양오염과 관련된 사진을 넣은 카드를 보
   여준다.
2. 연속해서 뽑는 두 장의 카드가 같은 종류이면 그 카드를 가져간
   다. 예를 들어 대기오염은 자동차 배기가스와 관련이 있으므로
   그 두 개의 카드를 연속해서 뽑은 친구가 가져간다.
3. 카드를 가장 많이 가져간 사람이 이긴다.
4. 게임을 마친 뒤 카드를 원인과 결과의 순서대로 나열한다.

카드 나열을 마친 아이들은 환경오염이 결국 백내장, 피부암, 면역 기능 감퇴, 식량부족 등의 문제를 야기함으로써 사람의 생존을 위협한다는 사실을 알게 된다. 더 좋은 세상에서 살기 위해, 또 다음 세대에게 좋은 세상을 물려주기 위해 환경을 보존하는 일이 중요함을 깨닫게 되는 것이다. 그리고 마지막으로 환경을 보존하기 위해 실천할 사항을 적어보게 한다.

부모가 자녀에게 전해줄 수 있는 지혜 8가지

내 삶의 경제멘토는 바로 우리 어머니입니다. 어려웠던 어린 시절, 어머니는 삶의 지혜를 가르쳐주셨고 우리가 값없이 누리고 있는 가치에 대해서도 가르쳐주셨습니다. 어머니께서 저의 경제멘토가 되어주셨던 이야기들을 풀어놓고자 합니다. 진정한 교육은 부모가 자녀의 멘토가 되어주는 것에서 시작되지 않나 생각해봅니다.

나만의 브랜드를 만들어라

어머니는 어려서부터 지금까지 내가 힘들 때마다 꼭 필요한 조언을 해주셨다. 내가 회사를 관두겠다는 말씀을 드렸을 때도 어머니는 반대하지 않으시고 "이제 네가 하고 싶은 것을 하며 즐겁게 살아라!"라고 말씀해주셨다. 또한 "즐기며 살되, 사람들이 네 이름을 들었을 때 알아챌 만큼의 역량을 키우는 노력을 해라!"라고도 하셨다. 어머니의 말씀은 '나만의 브랜드를 만들어라'는 말과도 같았다.

중국에 솜사탕을 판매하는 상인이 있다. 그는 솜사탕기계와 멀리 떨어진 상태에서도 마치 구름을 감듯 솜사탕을 만들어낸다. 그 놀라운 능력에 신기해 하는 사람이 많은 만큼 솜사탕은 많이 팔리고 있다. 자신만의 아이디어로 브랜드를 만들어낸 것이다. 길바닥에 눌어붙어 있는 껌딱지 위에 그림을 그리는 껌딱지 화가, 버려진 병뚜껑으로 작품을 만드는 병뚜껑 예술가들도 마찬가지다. 그들에겐 삶에 대한 자신만의 소신과 가치가 있다. 때문에 누구보다 행복을 누리며 살고 있다. 이런 것이 진정한 행복이 아닐까.

그런데 대부분의 아이들은 공부가 최고인 줄 알고 자란다. 때문에 대학교를 졸업하고 사회에 첫발을 내딛었을 때 많은 혼란을 겪는다. 또 모두들 비슷한 꿈을 꾼다. 의사나 변호사 등 전문직종 종사자를 꿈꾸는 아이들도 있지만 근래에는 공무원을 꿈꾸는 아이들이 많아졌다. 얼마 전 초등학생을 대상으로 한 '미래희망'에 대한 설문조사에서 공무원이 1위를 차지한 것이 그 증거다. 물론 안정된 생활을 하기를 바라는 부모의 마음이 반영된 것일 게다.

그런데 알고 있을까? 문을 닫는 개인병원의 수가 2011년도에만 4천여 곳이 넘었다는 사실을 말이다. 또 최근 구조조정으로 퇴직하게 된 공무원의 수가 얼마나 많은지를…… . 이는 부모가 바란 그 직업들이 더 이상 좋은 직업, 안정된 직업이 아니라는 말이다. 공급이 많으면 가치는 떨어진다. 직업도 마찬가지다. 또 지금 좋은 직업이라고 해서 미래에도 좋은 직업이라는 법은 없다.

중요한 것은 좋으냐, 안정적이냐가 아니라 스스로 한 선택이냐, 스스로 원하는 일이냐, 하는 것이다. 사람은 좋아서 자신의 의지로 결정한 일에는 최선을 다할 뿐만 아니라 무한한 가능성을 발휘한다. 이는 경쟁자를 물리치고 그 직업에 있어서 살아남을 수 있다는 의미다.

강의시간에 있었던 일이다. 박지민이라고 하는 아이는 '태권도관장이 되어 전국에 태권도를 알리는 것'이 자신의 꿈이라고 이야기했다. 그러자 아이들은 "태권도 모르는 사람도 있냐?"고 지민이의 꿈을 비웃었다. 맞는 말이다. 한국 사람으로서 태권도를 모르는 사람은 없을 것이다. 어디 그뿐인가. 세계적으로도 널리 알려져 있다. 하지만 아이의 꿈은 충분히 실현 가능하다. 그냥 태권도가 아니라 '박지민 태권도'라면 말이다. 그것은 젊은 여성들을 위한 '다이어트 태권도'일 수도 있고, 노인들을 위한 '실버 건강 태권도'일 수도 있다. 즉, 박지민만의 브랜드를 창출해낸다면 '태권도를 전국에 알린다'는 아이의 꿈은 분명하고도 실현 가능한 일이 될 것이다.

부모는 아이가 자신만의 독자적인 브랜드를 만들 수 있도록, 아이가 좋아하는 일을 통해 성취감과 행복을 맛볼 수 있도록, 구체적인 꿈을 만들어낼 수 있도록 격려해야 한다. 아이가 비전이 없어 보이는 일을 하고 싶어 한다고 해서 근심하기보다는 내 아이를 믿고 기다리기를 바란다.

워런 버핏이 큰 부자가 되겠다는 꿈만 꾸었다면 뜻을 이루지 못했을 수도 있다. 그는 숫자를 좋아했다. 그리고 숫자의 감각을 가장 잘 발휘할 수 있는 영역이 바로 주식투자라고 믿었다. 바로 좋아하는 것에서 꿈을 찾았기 때문에 세계 최고의 부자가 된 것이다. 음악가로 활동하고 있는 그의 아들 피터 버핏은 말한다. "아버지가 물려준 것은 내가 좋아하는 일을 하라는 가르침이었다"고.

자신에게 맞는 꿈과 만난 아이는 그 꿈을 이루기 위해 스스로 행동한다. 열정을 품고 그 누구보다 열심히 노력한다. 꿈은 바로 원천이다. 이러한 원천에 닿아 있으면 우리 아이도 워런 버핏처럼 될 수 있다. 이 말은 주식투자에 성공한 세계 최고의 부자가 될 수 있다는 의미다. 아니라 자신이 좋아하는 일을 통해 자신의 능력을 마음껏 발휘할 것이라는 의미다.

　가치를 알아야 경제가 보인다

포용력이 힘이다

우리에게는 '이웃사촌'이라는 말이 있었다. 같은 동네를 사는 이웃들과 마음을 나누는 시대가 있었다. 그러나 무한경쟁사회와 아파트문화, 그리고 다양한 범죄문제에 직면하면서 '이웃사촌'은 자연스럽게 사라져 버렸다. 그리고 우리 가족, 우리 아이만이 최고라는 의식이 그 자리를 차지해버렸다.

그런데 어른이 되어 경제활동을 잘하기 위해서는 어려서부터 용돈 관리 능력을 키워야 하고 절약을 습관화해야 한다. 그리고 무엇보다도 다른 사람을 포용할 수 있는 마음을 가져야 한다. 즉, 사회에서 성공하려면 사회의 구성원을 마음으로 품을 수 있는 포용력이 필수라는 것이다.

경제는 의식주를 포함하여 우리가 살아가기 위해 필요한 모든 활동으로서 그 과정을 통해 만나는 모든 사회적 관계를 포함한다. 여기에서 사회적 관계란, 사회에서 만나는 모든 사람들과의 관계다. 사람과의 관계를 떠나서는 성공적인 경제활동이 불가능한 것이다.

초등학교 2학년 때였다. 집에 돌아와서 어머니에게 어떤 친구에 대해 험담을 했다. 그때 어머니는 이런 말씀을 해주셨다.

"그 친구가 집에 가서 네 얘기를 이렇게 하고 있다고 생각해봐! 기분이 좋니?"

그러고는 주먹을 쥔 상태에서 검지를 펴시며 "네가 다른 사람을 향해 손가락질할 때 나머지 네 손가락은 너 자신을 가리키고 있는 것과 같다"고 말씀하셨다. 다른 사람을 향한 비방은 결국 다시 나에게 더 많은 비방으로 돌아온다는 의미였다. 성인이었을 때 이 말을 들었다면 그냥 담담해 했을지도 모르겠다. 하지만 어릴 적 그날의 대화는 아직도 내 마음에 남아 있다.

신입사원 때 나는 다른 직원의 비방을 받은 적이 있다. 직장동료 중 한 사람이 내가 "나이는 어린데 윗분들에게 잘 보이려고 노력한다"며 험담을 했던 것이다. 내가 그 직원에 비해 상대적으로 상사들과 잘 지냈던 것이 이유였다. 그때 나는 힘겨운 마음으로 직장에 나갔는데, 어머니는 그런 내게 이런 말씀을 하셨다.

"그 사람은 나이도 많은데 어린 네가 더 인정을 받았으니 얼마나 속상했겠니?"

어머니는 지금껏 내가 다른 사람의 험담을 할 때나 다른 사람들로부터 험담을 들었다고 했을 때도 내 입장에서 말씀하신 적이 거의 없다. 그 사람의 입장에 서면 이해 못 할 것이 없다는 것이다. 실제로 포용하는 마음으로 인내했더니 때가 되어 모든 오해가 풀렸고, 동료들과의 관계도 자연스럽게 회복되었다. 만약 내가 그 사람을 같이 미워하고 뒤에서 내 편을 만들어가며 욕했다면 불가능했을 일이다.

지금의 나에게는 다른 사람에 대한 큰 벽이 없다. 한 시대를 함께 살아가는 동반자라는 마인드를 가지고 있기 때문이다. 기본적으로 모두를 포용하는 자세로 대인관계를 시작하고, 그렇기 때문에 진심이 통하며, 따라서 관계를 오래도록 유지한다. 그래서인지 새로운 환경에도 적응을 잘한다는 말을 종종 듣곤 한다. 물론 가끔은 어떤 특정 목적을 가지고 접근하는 사람도 있다. 그럴 땐 조용히 그 자리를 피하면 그만이다.

나는 지금도 중·고등학교 은사님과 안부를 물으며 지내고 있다. 경제적으로 어려웠던 학창 시절을 은사님들 덕분에 잘 극복할 수 있었던 것을 기억하며, 20년 가까이 매년 달력을 보내드리고 있다. 그러던 어느 날은 은사님으로부터 '너는 희망이다'라는 문구가 적힌 연하장을 받았다. 당시 어려운 일들을 많이 겪고 있었기에 그 메시지는 내게 큰 힘이 되어주었고, 그로 인해 나는 다시 일어설 수 있게 되었다.

고객과의 관계에 있어서도 마찬가지였다. 금융기관에서는 보통 2~3년에 한 번 지점을 옮긴다. 하지만 나는 한 지점에서 9년 동안이나 근무했다. 고객과의 친화력이 가산점을 받은 덕분이라고 생각한다. 나를 응원해주시는 고객들도 있었다. 결혼을 한다고 했을 때 편지까지 보내 결혼을 축하해준 고객도 여러 명 있었다.

사람들과의 관계를 마음을 다해서 맺다 보면 자신의 주변에 사람들이 많아지는 것을 느끼게 된다. 눈에 보이는 이득을 주어서가 아니다. 함께 마음을 나누는 것 자체만으로도 살아가는 데 큰 힘이 된다.

서로의 다름을 역지사지의 마음으로 이해하고 포용하면 각박한 세상을 살아가고 있음에도 불구하고 마음을 나누게 된다. 그리고 그것은 어려움을 극복해내는 힘이 되어준다.

아이에게 포용력을 길러주는 일은 어렵지 않다. 내 입장이 아닌 상대방의 입장에서 헤아릴 줄 아는 마음으로 충분하다. 그리고 이런 충고는 아이가 초등학교 저학년일 때 효과가 크다. 이 시기의 아이는 스펀지처럼 모든 것을 받아들이기 때문이다.

'부족'을 체험하라

나는 어렸을 때 가정형편이 좋지 못했다. 그래서 용돈도 풍족하게 받아본 적이 없다. 그런데 이상한 것은 같은 용돈을 받는 데도 언니는 언제나 돈이 남았고, 나는 언제나 부족했다는 것이다. 그때 나는 용돈을 받는 날이면 그날로 다 써버리곤 했다. 그러고는 어머니에게 돈을 더 타냈다. 그러던 어느 날 어머니가 이런 말씀을 하셨다.

"이제부터 용돈은 한 달에 딱 한 번만 줄 테니 알아서 잘 사용해라."

물론 나는 심각하게 받아들이지 않았다. 그리고 이전처럼 용돈을 받고는 며칠 안에 다 써버렸다. 할 수 없이 언니에게 돈을 빌려 남은 기간을 보내야 했다. 하지만 문제는 해결되지 않았다. 다음 달이 되어 용돈을 받아도 언니에게 빌린 것을 갚고 나면 남는 것이 없었던 것이다. 결국 어머니에게 다음 달, 다다음 달 용돈까지 미리 타서 써야만 했다. 그런데도 용돈은 부족했고, 결국 "집이 가난해서 힘들고 너무 창피하다"며 울어버렸다.

그런 내게 어머니는 두 가지 말씀을 해주셨다. '남들이 가진 것을 못 가져서 때로 불편할 수 있으나 가난은 절대 창피한 것이 아니라는 것', 그리고 '지금 문제는 가난이 아니라 잘못된 나의 소비 습관이라는 것'이었다. 또 그로 인해 내가 더 가난해질 수도 있다고 하셨다. 그날 이후 나는 조금씩 변해갔다. 하루아침에 고칠 수는 없었지만 용돈에 관한 한 내 태도는 차차 나아지기 시작했던 것이다.

그리고 한 가지 더 큰 변화가 있었다. 그것은 가난에 대해 당당해졌다는 것이다. 초등학교 때 형편이 어려운 학생에게 쌀을 제공한다는 말에 당당하게 손을 들어서 어려운 형편에 쌀을 보태기도 했다. 고생하시는 어머니를 돕고 싶었기 때문이다. 물론 그 일이 있기 전이라면 상상도 못 할 일이었다.

보통 불행은 가난을 창피하게 여기고 감추려는 마음에서 시작된다. 나에게 있는 것은 있다고, 없는 것은 없다고 당당하게 말하

는 것, 그리고 돈을 내가 가진 범위 내에서 현명하게 사용하는 것
만큼 중요한 것은 없다.

　요새 아이들의 최대 관심사는 단연 스마트폰이다. 친구는 가졌
는데 나는 갖지 못했다는 것에 속상해 한다. 하지만 그것은 부족이
아니다. 사실 요즘 아이들은 과풍족의 시대를 살고 있다. 부족을
제대로 경험하기 어려운 시대를 살고 있는 것이다.

　하지만 부모는 아이가 스스로 자신의 삶을 책임져야 할 성인이
되었을 때 부족함 속에서 일어설 지혜를 갖추고 있는지 날카롭게
점검해보아야 한다. 그리고 부족을 경험하게 해주어야 한다. 평소
부족함 없이 자란 아들에게 무언가 극단의 조치가 필요하다고 생
각한 어떤 분은 아들을 아프리카로 보내기도 했다. 그렇게 아프리
카에서 생활하고 돌아온 아들은 이전에는 부모에게 하지 않았던
"사랑한다"는 말도, "한국은 천국"이라는 말도 했다고 한다. 그렇
다. 지금의 한국은 천국이다. 아프리카에서 부족을 경험하고 나니
터져 나오는 고백, 바로 "한국은 천국"이 그것이다.

　이처럼 부족한 상황과 직면하면 그동안 당연하게 누렸던 것의
가치를 바라볼 수 있는 눈이 열리게 된다. 물론 그렇다고 해서 부
족을 경험하도록 아이들 모두를 아프리카로 보낼 수는 없다. 그러
나 그 방법이 용돈을 줄이는 일이든, 평소 아이가 원하는 것을 사

주는 횟수를 줄이는 일이든 간에 시도해보았으면 한다.

　지금까지 아이를 위해 살아왔음에도 불구하고 해준 것보다 해주지 못한 것이 더 많다고 생각하는 것이 부모 마음이다. 그렇기 때문에 아이들에게 부족을 경험하게 하는 것은 쉽지 않은 일임에 분명하다. 하지만 내 아이가 그동안 부모 밑에서 고생 없이 자란 탓에 나약해졌다는 생각이 조금이라도 든다면 더 늦기 전에 과감한 결단이 필요하다. 아이는 부족하다는 느낌을 통해 스스로 어려움을 극복할 자립심을 키우게 될 것이다.

대학은 스스로 가라

자신의 아이가 부잣집 친구들에 대한 이야기를 하면서 "대학등록금은 마땅히 부모가 해주어야 한다"고 당당히 말했다는 부모님을 만난 적이 있다. 또 그분들은 그렇겠노라, 고 대화를 마무리했다고 한다. 물론 이해는 간다. "난 네 등록금을 못 해주니 대학은 네 스스로 가라"고 말할 부모는 이 땅에 많지 않을 테니까. 하지만 등록금을 책임져 주는 것보다 더 중요한 것이 있다. 바로 모든 금액은 아니더라도 자신의 등록금을 스스로 마련하기 위해 노력하는 삶의 자세를 키워주는 것이다. 그렇지 않으면 친구의 부모님은 신혼집을 사 주더라, 손자손녀 학비도 내주더라, 자동차도 사 주더라,

하면서 지속적으로 내미는 자녀의 손을 보게 될지도 모른다.

부모가 자식에게 능력이 되는 대로 해주는 것은 결코 뭐라고 할 일이 아니지만, 지나칠 경우 아이의 미래에 좋지 않은 영향을 끼친다는 것을 알아야 한다. 부모가 모든 것을 해주어서는 살면서 닥칠 수밖에 없는 수많은 문제들을 해결할 수 있는 능력을 키울 수가 없다. 결국 정신적인 자립과 경제적 자립 모두 어려운 일이 된다.

어릴 적, 우리 집 형편은 내가 대학교에 가는 것을 꿈꿀 수 없을 정도였다. 어머니는 대학교에 가기를 원하는 내 모습을 안타까워하기는 하셨지만 당당하게 말씀하셨다.

"엄마는 부모님이 다 해주신 줄 아니? 엄마도 스스로 할 일 다 하면서 자랐다. 대학은 네 스스로 가라!"

그 당시에는 좀 야속한 마음도 들었지만 나는 어머니와의 대화를 통해 내 인생은 내 스스로 책임져야 한다는 자각을 하게 되었다. 그래서 직장생활을 먼저 시작했고, 2년 만에 대학교에 입학할 수 있었다. 하지만 회사 업무가 많아 학교를 자주 갈 수 없었고, 결국 한 학기도 제대로 못 마치고 자퇴를 해야 했다. 그렇다고 꿈을 포기한 건 아니었다. 스물다섯에 다시 대학교에 입학하여 스물아홉에 졸업장을 품에 안았고, 다시 1년 뒤 대학원에 입학해서 2년 만에 논문을 마치고 청소년학 석사학위를 취득했다. 그리고 그 모든 과정 동안의 학비는 내 스스로 벌어서 마련했다.

증권회사의 높은 연봉으로는 쉬운 일이었을 거라고 생각할 수도 있다. 하지만 급변하는 시장 속에서 매일 고객들에게 투자제안을 하는 일은 건강을 해칠 정도로 심리적인 고통을 수반하는 일이었다. 하지만 그 고통을 견디게 한 것은 '내 삶은 스스로 책임져야 한다'는 생각이었다. 그리고 목표도 있었다. 전공을 살려서 반드시 아이들과 함께 하는 일로 직업을 바꾸겠다는 것, 그리고 어머니를 위한 작은 아파트를 마련하는 것이 그것이었다.

결국 나는 10년이라는 기간 동안 그 모든 목표를 이뤘다. "대학은 네 스스로 가라"는 어머니의 말씀은 나를 대학과 대학원까지 스스로의 힘으로 졸업하고 어머니의 작은 용돈까지 챙겨드리는 딸로 만들어낸 것이다.

"대학은 네 스스로 가라!"

이 말은 말 그대로 대학을 꼭 스스로의 힘으로 가야 한다는 말이 아니다. 부모에게 의지하지 않고 스스로 자립할 수 있어야 한다는 말이다.

명품강사 아카데미의 양영주 원장님은 부산 지역에서 소문난 봉사자로, 28년간 사회공헌 활동을 펼치며 많은 이들에게 존경을 받고 있다. 원장님은 평소 딸에게 경제관념을 심어주기 위해 "밥값은 언제 할 거니?"라는 말을 농담 반 진담 반으로 했다고 한다. 그에 영향을 받았는지 딸은 취업한 후 부모님께 후한 용돈을 드리고 있는데, 원장님은 딸에게 고맙다고 하면서도 더 나아가 "지금 용돈 주고 시집갈 때 다시 달라고 할 거면 안 주는 게 낫다"고 강단 있게 말했다고 한다. 이에 딸은 "결혼자금은 스스로 준비할 것이고, 그동안 길러주신 은혜에 감사하여 드리는 것이니 마음껏 사용"하시라고 했다고 한다. 원장님이 돈이 부족해 딸에게 그리한 것은 분명 아니다. 딸의 자립을 위해 지혜로운 어머니로서의 역할을 멋지게 해낸 것이다.

"대학은 네 스스로 가라" 등의 말을 꺼낼 때 자녀에게 왠지 부모로서의 책임을 다하지 못하는 것 같은 마음이 들지도 모르겠다. 하지만 용기가 필요하다. 그 말은 스스로 일어설 힘과 동시에 부모님의 노고에 감사할 줄 아는 마음을 가진 아이로 만들어줄 것이다.

작은 것을 금싸라기로 보는 눈을 가져라

강의 준비를 위해 문방구에 들렀을 때였다. 이런저런 얘기 끝에 문방구 사장님은 이런 말씀을 하셨다.

"요즘 애들은 귀한 것이 없어요. 금세 망가뜨리는 것은 물론이고 잊어버리고도 찾지를 않아요."

'귀한 것이 없다'는 표현이 마음에 와 닿았다. 현명한 부모님의 지도하에 물건을 아껴 쓰는 아이들도 분명 있다. 그러나 대부분의 부모가 바쁜 일정 때문에 아이들의 헤픈 씀씀이를 알면서도 세세하게 신경 써주지 못하는 것이 현실이다.

어렸을 때 일이다. 하루는 밥을 맛있게 먹고는 자리에서 일어나려는데 어머니가 한 말씀하셨다.

"밥풀이 여기저기 붙어 있구나. 왜 이렇게 많이 남겼니?"

어머니의 말씀은 마지막 밥알 한 톨까지 싹싹 긁어서 먹으라는 것이었다.

"밥알 한 톨이 식탁에 오르기까지의 과정을 생각해봐. 쌀은 농부가 봄부터 가을까지 열심히 일해야 얻을 수 있는 귀중한 음식이야. 농부의 땀이 서려 있다는 것, 그 자체로만도 쌀은 그냥 쌀이 아니라 금싸라기란다. 또 만약 도중에 홍수가 나거나 가뭄이 심해지면 익지도 못 한 채 떨어져 버리는 나락도 많겠지. 그러니까 우리가 쌀을 밥상에서 만나게 되는 것은 어쩌면 기적에 가까운 일인지도 몰라."

그때 내가 알게 된 것은 쌀 한 톨도 그냥 밥상에 오르는 것이 아니구나, 하는 것이었다. 그날 이후 지금까지 나는 마지막 밥알 한 톨까지 싹싹 챙겨 먹으려고 노력한다.

쌀만이 아니었다. 어머니는 '물을 펑펑 틀어놓고 쓰지 말라는 것', '여기저기 불을 켜고 다니지 말라는 것' 등에 대해서도 말씀해주셨다. 자연보호와 쓰레기종량제의 성실한 실천, 에너지 절약 등의 사소한 실천이 곧 환경뿐 아니라 나라, 더 나아가 다음 세대를 위한 일이라는 것도 나는 어머니에게서 배웠다.

왜 요즘 사람들에게는 귀한 것이 없는 걸까? 그것은 편리한 것과 좋은 것들이 넘쳐나는 세상에서 가치가 상실된 탓에 우리가 그것을 사소하다고 느끼게 된 것은 아닐까 싶다. 하지만 세상사에 사소한 것은 없다. '전기가 없었다면', '물이 없었다면', '가뭄과 홍수로 쌀이 수확되지 않는다면'이라는 식으로 시작하면 그 모든 것들이 얼마나 소중한지를 알 수 있다. 그리고 그것들의 진정한 가치를 깨달았을 때 그것들은 우리에게 위대한 것이 된다.

부모의 역할이 바로 여기에 있다. 사소한 것이라 여겨지는 것들의 진정한 가치를 알려주는 것이다. 아이가 단번에 깨닫지 못할 수도 있다. 하지만 보고 듣는 과정을 되풀이하면 어느새 아이는 작은 것에 감사하는 겸손한 사람이 되어 있을 것이다.

작은 것, 사소한 것 하나도 모두 소중한 금싸라기로 보는 눈을 갖고 있다는 것은 매사에 감사할 줄 안다는 것이고 마음이 부자라는 의미이기도 하다.

가치를 알아야 경제가 보인다

1만 원으로도 행복은 가능하다

우리 사회의 경쟁은 나날이 치열해지고 있다. 게다가 한 자녀 가정이 대부분이다 보니 아이들은 주는 것보다는 받는 것에만 익숙하게 자라난다. 협력보다는 경쟁을, 나눔보다는 개인만을 위한 사회가 되어가고 있는 것이다.

우리 어머니는 나눔에 대해 각별한 실천을 해오셨다. 어머니는 항상 "세상에서 제일 서러운 것이 돈 없는 설움"이라면서 당신도 풍족하지 않으셨음에도 주변의 어려운 분들을 그냥 보아 넘기는 법이 없으셨다.

어머니는 30년 전 가정을 홀로 책임지셔야 했다. 그 시대에는 가정주부였던 여성이 할 만한 일이 많지 않았다. 그러다 보니 신문배달, 가사도우미 등으로 받은 돈은 아이들을 양육시키는 데도 모자라기만 했다. 그런 어머니가 열아홉에 직장생활을 시작하는 나에게 하신 말씀은 "주변에 힘든 분들이 많은데 돕고 싶으면 같이 돕자"는 것이었다. 그때 나는 "돈 좀 모아놓고 돕겠다"고 했고, 어머니는 그런 내게 이런 말씀을 하셨다.

"지금 돕지 못하는데 나중에 돈 번다고 도울 것 같니? 지금 돕지 못하는 사람은 나중에도 다른 사람을 돕기 어려운 법이야. 지금 1만 원을 내면 나중에 10만 원도 낼 수 있지만, 지금 1만 원을 지갑에서 꺼내지 못하면 나중에는 1천 원도 꺼내기 어려워진단다."

잠시 생각에 잠긴 뒤 결국 그날 나는 지갑에서 1만 원을 꺼내 어머니의 나눔에 동참했다. 그런데 신기하게도 즐거운 마음이 샘솟았다. 그때 나는 나눔이 얼마나 큰 기쁨과 행복을 주는지 경험할 수 있었다.

5년 전쯤 이웃 한 분이 갑자기 직장을 잃은 일이 있었다. 그분은 아이가 셋이나 있었다. 한 달을 벌어 겨우 한 달을 생활했던 그분은 이제 당장의 생활비를 걱정해야 했다. 그때도 우리 가족은 얼마 안 되지만 마음을 모아 전달해드렸다. 우리에게 그분을 도와야 한다고 한 사람은 없었다. 또 그분이 도와달라고 한 적도 없었다. 그저 어릴 때부터 어려운 분들을 지나치지 못하는 어머니의 모습을 보고 자라면서 저절로 터득한 삶의 방식이었을 뿐이다. 지금도 나는 어머니에게 말씀을 드린다. "나눔의 가치를 알게 해준 것은 돈보다 더 큰 재산을 물려주신 거라고 생각해요"라고. 그리고 덧붙인다. "엄마가 우리 엄마여서 너무 감사해요"라고.

많은 돈을 물려받았다고 모두 행복한 것은 아니다. 진정한 행복은 돈이 아니라 사랑으로 사람을 품을 수 있는 나눔의 정신에서 나온다. 얼마를 기부했는가는 중요하지 않다. 참된 의미를 알고 나눔을 실천하는 부모의 모습은 자녀에게 잔잔한 감동을 준다. 부모의 나눔에 진심이 우러나올 때 아이는 저절로 나눔을 실천한다. 그것이 아이가 진정한 행복과 만나게 되는 길이다. 그리고 그렇게 자란 아이는 가장 좋은 길로 안내해준 부모에게 진정 감사의 마음을 갖게 될 것이다.

생활 속에서
삶의 지혜를 터득하라

1여 년 전쯤 어머니는 국산 검정콩을 10킬로그램이나 사 두셨다. 조만간 가격이 오를 것이라면서 나에게도 사 두기를 권하셨고, 나는 믿을 수 없었지만 10킬로그램을 5만 원대로 구입했다. 그런데 정말로 검정콩 가격이 급등하기 시작하더니 지금은 거의 두세 배가 된다. 하지만 나는 그때 사 두었던 덕분에 지금까지 걱정 없이 잘 먹고 있다. 가격이 1여 년 만에 두 배가 뛴 것은 은행이자보다 훨씬 높은 수치다. 어머니는 뉴스와 날씨를 통해 그 모든 것을 예상하셨던 것이다.

2~3년 전 3킬로그램에 3천 원 정도했던 설탕도, 일본에 대지진이 났을 때 20킬로그램에 1만3천 원 정도 했던 소금도 지금은 배 이상의 가격으로 거래가 되고 있다. 하지만 우리는 어머니의 혜안 덕분에 아직까지도 가격 걱정 없이 넉넉하게 먹고 있다.

그뿐 아니다. 어머니는 실제로 주식투자나 펀드투자를 하시는데 하루도 빠짐없는 증권방송 시청을 통해 주식시장에 민감하게 대응하신다. 증권회사에서 일하고 있을 때 가끔 전화하셔서 "앞으로 시장이 어려워질 것 같은데 고객들 주식 좀 팔아드려도 좋을 것 같다", "오늘은 주식을 매수해도 되는 날 같은데?"와 같은 말로 나를 코칭해주시기까지 했다.

또 대출을 무리하게 받아 한 투자가 깡통계좌가 되고 말았다는 뉴스를 보면서 어머니는 "대출까지 받아 투자를 하면 마음이 불안해서 제대로 투자도 못 하고, 결국 손실을 볼 수 있다"는 말씀과 함께 "뉴스를 잘 보고 미리미리 예방하는 것이 매우 중요하다"고도 하셨다. '투자는 여유자금으로 해야 한다'는 원칙이 바로 어머니에게서 배운 지혜였다.

이외에도 어머니는 딸들에게 뉴스를 통해 살림에 필요한 알뜰 정보를 알려주셨고, 또 유혹에 넘어가지 않도록 다양한 사건들을 통해 짚어주셨다. 그것은 산 교육이었고, 나는 그 덕분에 삶의 지혜를 얻을 수 있었다.

근거 없는 조언에는 설득력이 없다. 그런 면에서 뉴스나 신문의 기사는 매우 훌륭한 근거가 된다. 아이가 삶의 지혜와 자연스럽게 만날 수 있도록 저녁 시간에 본 뉴스 내용과 함께 자신만의 노하우를 전해주기를 바란다.

생명을 가진 것은 모든 것을
가진 것과 같다

막내였던 나는 어릴 때 어머니께 예쁨을 받았다. 하지만 나는 형편이 넉넉지 않은 상황에 불만이 많았다. 메이커 옷과 신발을 가지지 못하는 것도 불만이었고, 가방이 한 개뿐인 것도 불만이었다. 철없는 마음에 부자였으면 좋겠다는 생각도 했고, 어머니와의 말다툼 끝에 "빨리 졸업해서 돈 벌고 싶다"고 외친 적도 있다. 다른 친구들과 비교하면서 내가 갖지 못한 것에 속상해 했던, 돈 벌어서 내가 하고 싶은 거 다 해보고 살 거라고 어머니에게 외쳤던, 철없는 아이였다.

그러다 직장에 다니고 스스로의 삶을 책임질 수 있게 되면서 불만도 줄어들었다. 그리고 10년이라는 세월을 그 누구보다 열심히 살았다. 회사가 요구하는 필수자격증도 다섯 개 이상이나 취득했으며, 대학원에서 석사 과정까지 마쳤다. 또 크리스천 코칭 과정 수료, 종이접기지도사 1급 자격증 취득 등 부수적으로 한 것도 많다.

그러다 보니 아침을 거르는 것은 물론이고, 라면과 햄버거 등 인스턴트식품으로 끼니를 때우는 일이 많았다. 잠도 제때 못 잤고, 밤을 새우기도 일쑤였다. 내 체력이 감당해내지 못할 정도로 강행군의 연속이었다. 어머니께서 걱정하시며 생명이 가장 큰 재산이라고 여러 번 말씀해주셨지만 귀에 들어오지 않았다. 당장의 과제가 급했다. 그리고 그 끝에 얻은 것은 수많은 자격증과 희귀병이었다. 현대의학에서 '면역력 결핍 질환'이라고는 했지만 마땅한 약이 개발되지 않은 병이었다. 단시간 내에 생명을 위협하는 병은 아니었지만, 기름기 있는 음식을 먹으면 한 시간이 지나기도 전에 다리에 온통 붉은 홍반이 올라오는 것을 지켜봐야만 했다. 스트레스를 많이 받은 날에는 홍반이 더욱 심하게 올라왔다. 그 공포는 죽음의 그것과 비슷했다.

덕분에 나는 그로부터 3년 동안 반바지를 입지 못했고, 두부와 채소로 만든 음식만 먹어야 했다. 직장 동료와 회식을 가도 동료들이 고기를 먹을 때 나는 된장찌개에 밥만 먹어야 했다. 다행이 3년 동안의 치료와 절제된 음식 섭취로 병은 호전되었고, 지금은 완치

되었다.

'돈을 잃은 것은 적게 잃은 것이요, 명예를 잃은 것은 많이 잃은 것이요, 생명을 잃은 것은 천하를 잃은 것이다'라는 말이 있다. 나는 이 말을 바꾸어 이렇게 표현해보고자 한다. '돈을 얻은 것은 적게 얻은 것이요, 사람을 얻은 것은 많이 얻은 것이요, 생명을 얻은 것은 모두 얻은 것이다'라고.

그 지난 3년간의 과정은 나에게 건강의 중요성을 일깨워주었고 건강을 지키는 책임은 나 자신에게 있다는 것을 깨닫게 해주었다. 힘든 시기였지만 덕분에 나는 내가 세상을 바라볼 수 있는 눈을 갖고 있음에, 내가 숨 쉴 수 있는 코가 있음에, 내가 맛있는 음식을 먹고 좋은 대화를 나눌 수 있는 입이 있음에, 좋은 음악을 들을 수 있는 귀가 있음에, 그리고 나에게 생명이 있음에 감사를 하고 있다. 대부분 죽음에 임박해서야 또는 건강을 잃고 나서야 생명과 건강의 소중함을 경험한다. 이런 경험 없이 그것들을 깨달을 수 있다면 그 자체로 축복이며 감사할 일이다.

아이들은 어린 시절의 나처럼 자신이 갖지 못한 것에 대해 불만이 많다. 부모가 다 해주지 않아서 불만이고 다 허락하지 않아서 불만이다. 그러나 당당히 말해야 한다. 이미 부모는 아이에게 생명이라는 가장 귀중한 재산을 주었다는 것을 말이다. 당장은 아니더라도 때가 되면 아이는 생명의 소중함을 가슴 깊이 새기며 감사하는 마음으로 살아가게 될 것이다.

 가치를 알아야 경제가 보인다

1년 중에 아이들에게 선물을 할 날들이 많이 있다. 그때마다 고민하게 되는 것이 사실이다. 하지만 큰돈을 들이지 않고도 아이들의 경제관념을 길러줄 수 있는 다섯 가지 선물이 있다. 이 선물들은 주로 초등학교 3~4학년에게 효과적이다.

첫 번째 선물,
저축저금통, 투자저금통, 기부저금통

저축저금통, 투자저금통, 기부저금통은 좋은 선물이다. 세 개의 저금통을 선물해주는 것은 평소 받은 용돈 중에서 먼저 저축과 기부를 실천한 뒤 나머지 금액을 소비할 수 있도록 동기부여를 해준다. 이는 저축과 기부의 습관을 기르는 데 큰 도움이 된다.

아이들 명의로 저축통장, 투자통장, 기부통장을 만드는 것도 좋다. 여기에서 저축통장은 은행의 자유적금통장이고, 투자통장은 펀드적립식 통장을 의미한다. 기부통장은 수시입출금이 가능하고 거치 기간에 따라 비교적 이자가 높은 CMA상품이 적당하다.

저금통이나 통장을 준 후 아이와의 대화를 통해 저축 목표를 정하고 그것을 저금통

이나 통장에 기록해놓도록 한다.

두 번째 선물,
다양한 외국 화폐

외국 화폐는 아이에게 다른 나라에 대한 관심을 불러일으킬 뿐만 아니라 화폐의 다양성과 특성을 이해시키는 데 좋은 자료가 된다. 또한 각 나라의 문화적 특징이나 위인들을 이해하는 데도 도움이 된다.

미국 화폐는 미국의 역대 대통령 등 정치인들을 화폐 모델로 삼았다. 따라서 미국 화폐는 링컨 등 미국 대통령들의 이야기들을 들려주는 기회를 제공한다. 태국의 화폐는 그 금액에 상관없이 모든 지폐가 태국 국왕을 모델로 하고 있고, 유로화는 유럽연합국의 화폐라는 이유로 인물 대신 유럽풍의 건축물을 화폐에 담고 있다.

더불어 외국 화폐는 환율에 대한 이야기를 나눠볼 수 있는 기회를 제공해준다. 외국 화폐를 줄 때 우리나라 돈의 가치로 환산한 금액까지 알려주고, 이후 가끔씩 뉴스를 통해 환율의 변동에 대해 대화를 나누면 자연스럽게 환율변동에 대해 익힐 수 있다.

1달러: 미국의 초대 대통령
(조지 워싱턴)

5달러: 미국의 16대 대통령
(에이브러햄 링컨)

세 번째 선물,
옛날 화폐

지금은 사용되지 않는 옛날 화폐는 과거 화폐와 지금 화폐의 가치나 물가를 이해시키는 데 좋은 자료가 된다. 가령 10원 짜리 지폐를 선물한다면 이때에는 "1960년대에 라면이 처음 나왔고 10원에 살 수 있었다"는 이야기를 해줌으로써 돈의 가치를 이해시키는 것이다. 또 우리나라의 화폐 단위가 지금은 '원'이지만 과거에는 '전'과 '환'을 사용했다는 이야기와 함께 100전이 1원, 10환이 1원이라는 것도 알려준다.

지금 4천 원에서 5천 원 하는 자장면이 1950년대에는 10전, 1960년대에는 15원, 1970년대에는 30원, 1980년대에는 1천 원, 1990년대에는 2천~3천 원 정도였다는 이야기를 통해 물가가 상승했다는 것도 알려준다.

여기에 더불어 지금의 1만 원이 미래에도 1만 원의 가치를 유지할 수 있을까에 대해 대화를 나눠보는 것도 좋다. 먼 미래에는 1만 원으로 지금 1천 원 하는 과자를 한 봉지밖에 사지 못할 수도 있다는 것을

이해시킬 수 있다. 이를 바탕으로 100세 시대를 대비하는 마음자세에

대해 대화를 한다면 더욱 효과적이다.

옛날 화폐는 인터넷쇼핑몰에서 쉽게 구입할 수 있다

네 번째 선물,
주권

아이가 원하는 주식을 매
수한 뒤에 소량의 주권을 증
권회사에 출고 요청을 하여
아이에게 실물 주권을 선물

해준다(출고는 신청 후 증권사 상황에 따라 2~15일 정도 소요).

이 선물은 아이에게 주식을 매수함으로 주주의 효력이 발생한다
는 것과 대개 주식의 액면은 5천 원이라는 사실을 이해하게 한다. 이
를 통해 아이는 주식의 시가가 어떻게 변하는지에 대해 관심을 가지
게 될 것이다. 주권은 주식에 대해 자연스럽게 이해하는 계기가 되어
줄 것이다.

단, 주권을 분실할 우려가 있기 때문에 주의해야 한다. 분실이 우려
된다면 인터넷에서 실물 주권의 이미지를 출력하여 아이에게 보여주
며 설명하는 것도 한 방법이다.

　가치를 알아야 경제가 보인다

다섯 번째 선물,

기부증서

용돈의 일부를 기부저금통에 넣어 어느 정도의 금액이 되면 아이와 함께 기부 금액을 자선단체에 송금한다. 이때 중요한 것은 각 단체가 하는 일에 대해 이야기를 나누고 아이 스스로 단체를 선택하게 하는 것이다. 적은 금액이지만 큰일에 사용된다는 것을 설명해주고, 나눔의 실천에 대해 칭찬해준다.

기부 후 받게 되는 기부증서는 액자에 넣어 아이가 자주 볼 수 있는 곳에 비치해둔다. 만약 기부증서가 발급되지 않는 곳에 기부를 했다면 상장과 같은 느낌으로 직접 기부증서를 만들어도 좋다. 이때 첫 번째 증서에는 '기부증서 1호', 그 다음 증서에는 '기부증서 2호'로 표기해 지속해서 기부를 할 수 있도록 동기부여를 한다.

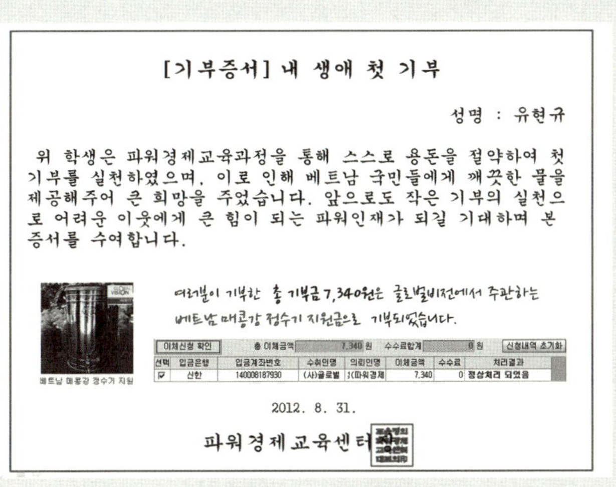

[기부증서] 내 생애 첫 기부

성명 : 유현규

위 학생은 파워경제교육과정을 통해 스스로 용돈을 절약하여 첫 기부를 실천하였으며, 이로 인해 베트남 국민들에게 깨끗한 물을 제공해주어 큰 희망을 주었습니다. 앞으로도 작은 기부의 실천으로 어려운 이웃에게 큰 힘이 되는 파워인재가 되길 기대하며 본 증서를 수여합니다.

여러분이 기부한 총 기부금 7,340원은 글로벌비전에서 주관하는 베트남 메콩강 정수기 지원금으로 기부되었습니다.

이체신청 확인	총 이체금액		7,340 원	수수료합계		0 원	신청내역 초기화
선택	입금은행	입금계좌번호	수취인명	의뢰인명	이체금액	수수료	처리결과
☑	신한	140008187930	(사)글로벌	(파워경제	7,340	0	정상처리 되었음

2012. 8. 31.

파워경제교육센터

참된 인생의 승리자

최근 우리나라의 사회문제가 날로 심각해지고 있다.

OECD국가 중 자살률, 이혼율 1위! 하우스푸어 57만 가구에 대출규모 150조 육박! 부실 우려가 있는 가계부채 85조! 국가채무 450조! 청년실업자 100만 명! 성범죄 증가!

이러한 사회문제를 바라보고 있으면 마치 살얼음판을 걷고 있는 것처럼 아찔한 기분이 든다. 왜 이렇게 심각한 사회문제가 끊이지 않는 것일까? 이는 분명 사람들의 경제관념과도 밀접한 관련이 있을 듯싶다.

잘못된 경제관념을 갖게 되면 진정한 가치를 바라보지 못하고,

이 때문에 자신이 이미 누리고 있는 가치들을 당연시하게 된다. 또 끝없는 욕망으로 인해 방황하다 결국 자신의 삶을 포기하는 무서운 결과에까지 이른다. 사회적으로 높은 위치에 있는 유명인들이 삶을 포기했다는 충격적인 뉴스를 들어본 적이 있을 것이다. 이처럼 성공만을 위해 달려가면 가장 중요한 것을 잃어버리기 쉽다.

지금 시점에서 가장 중요한 것은 마음속에 진정한 가치를 회복하는 일이다. 진정한 가치에 눈을 뜨면 인생의 승리자로 우뚝 서며 행복한 성공을 누리게 될 것이다. 이를 위해 올바른 경제관념을 갖는 것은 매우 중요하다.

지혜는 사랑에서 나온다

위에서도 이야기했듯 그 사람의 인생을 행복한 성공으로 이끌어주는 가장 중요한 요인은 올바른 경제관념이라 할 수 있다. 인생의 성공과 실패는 그 사람이 어떤 경제관념을 갖고 있느냐에 달렸다고 해도 과언이 아니라는 말이다.

올바른 경제관념의 핵심은 바로 가진 것에 감사할 줄 아는 마음이다. 자신이 소유하지 못한 것을 바라보며 사는 사람은 행복과 점차 멀어지게 된다. 분별없이 시대가 중요시하는 모든 것들을 따라가려고만 하면 내가 얻게 되는 것은 상대적인 박탈감뿐이다. 반면 생명, 사람, 자연 등의 가치를 알게 되면 세상이 중요하다 떠드는 것을 오히려 사소한 것으로 받아들일 수 있는 지혜를 얻게 된다.

지혜는 사랑의 마음에서 나온다. 지혜로운 사람들은 대부분 욕심이 많지 않다. 또 지혜로운 사람은 사람을 우선으로 생각한다. 때문에 관계가 깨지지 않도록 우선하여 대처한다.

한편 부모가 많은 유산을 남길 경우 감사하는 마음으로, 지혜롭게 나누지 못하는 자손들이 많다. 심지어 형제들보다 나에게 떨어진 비중이 적음에 한탄한다. 욕심 때문이다. 하지만 지혜로운 사람은 주어진 것에 감사하고, 또 사람과 사람과의 관계를 용서와 사랑으로 아름답게 만들어나갈 줄 안다.

이러한 올바른 경제관념은 가정에서 부모와의 대화를 통해서, 또 부모의 삶의 모습을 통해서 배워야 한다. 그동안 나는 증권회사에서 일한 경험과 전공인 청소년학 덕분에 경제교육을 할 수 있었다고 생각해왔다. 그러나 책을 써 내려가면서 생각이 바뀌었다. 내가 지금 파워경제교육 강의를 하게 된 가장 큰 이유는 다름 아닌 가정에서의 교육이었다는 사실을 깨닫게 된 것이다. 오래전 내가 명품백을 사고 싶어 했을 때 어머니는 가지고 돈을 더 가치 있는 일에 쓸 수 있을 거라는 말씀을 해주셨다. 지금도 그날 어머니의 말씀에 매우 감사하고 있다. 시대는 명품백을 여성의 필수품이라 말하지만, 지금 나는 나만의 소신과 휩쓸려 가지 않는 지혜와 분별력을 어머니를 통해서 배운 덕분에 "아니"라고 당당하게 말할 수

가치를 알아야 경제가 보인다

있다. 이렇듯 자녀교육의 성공 여부는 바로 가정에서 부모가 보여주는 언행에 좌우된다. 올바른 경제관념을 위해서도 부모의 역할과 책임이 필요한 것이다.

경제교육은 진정한 가치를 아는 것이다

이 책에서 나는 어머니가 내게 해주신 경제교육을 다양한 주제로 이야기했다. 하지만 우리 어머니의 일관된 교육관은 하나였다. 자녀가 사랑의 가치를 알고 사랑하는 마음을 갖는 것이었다. 그런 가르침은 나로 하여금 진정한 사랑이 무엇인지 깨닫게 했고, 세상에서 가장 가치 있는 것이 사랑이라는 것을 깨닫게 했다. 또한 세상에서 진짜 소중하고 중요한 것이 무엇인지를 가려낼 줄 아는 분별력과 가장 가치 있는 것을 우선으로 하는 지혜를 갖게 했다.

지금 나는 나를 낳아주시고 길러주신 어머니께 감사의 마음을 표현할 줄 아는 딸이 되었고, 다른 사람들까지 마음으로 품을 수 있는 사람이 되었다. 또한 나는 아이들과의 만남을 소중히 여기고 사랑으로 가르치고 있다. 또한 주변 사람들과의 관계도 원만하게 이어가고 있다. 그리고 내가 어려웠던 학창 시절 장학금을 주셨던 분들의 은혜를 기억하며 지금까지 큰 금액은 아니지만 열 명 이상의 학생들에게 장학금도 주었다. 그리고 무엇보다도 부족한 것에 관심을 두기보다 건강하게 살 수 있는 하루하루에 감사하는 마음으로 살고 있다.

더없이 감사한 점은 나와 비슷한 가치관을 가진 배우자를 만났다는 것이다. 나와 처음 만났을 때 수화를 배우고 있었던 그는 대학원 때 받은 장학금으로 쌀을 사서 노인정에 기부할 수 있는 마음을 가진 사람이었다. 우리는 가진 것은 많지 않았지만 서로의 올바른 경제관념에 이끌렸고, 마침내 결혼에 골인했다. 앞으로 우리 부부는 우리가 이룬 가정이 노인과 장애인이 행복하게 사는 세상이 되는 데 보탬이 될 수 있기를 바란다. 이렇듯 지금 가지고 있는 것에 감사하며, 가진 것을 다른 사람들과 나눌 줄 알며, 또 다른 사람들과 보다 나은 세상을 꿈꾸며 살아가는 것이 바로 행복한 성공이 아닐까 싶다.

파워경제교육에는 행복한 성공이 무엇인지 알려주고자 하는 마음이 담겨 있다. 용돈의 합리적인 소비 외에 부모님을 생각하는 소비, 선생님과 친구들을 생각하는 소비, 어려운 이웃을 위한 소비까지 담아내고자 했다. 또한 돈과 관련해 소득, 소비, 저축, 투자, 신용, 기부의 내용을 기본으로 교육하되 돈으로 살 수 없는 꿈, 생명, 사랑, 사람, 자연에 대한 내용까지 담아내고자 했다. 그리고 그러한 파워경제교육이 강의실뿐만 아니라 가정에서도 실천되기를 바라는 마음에서 책을 쓰게 되었다.

나는 이 책을 통해 가정에서의 파워경제교육 실천으로 아이들

 가치를 알아야 경제가 보인다

이 세상의 진정한 가치를 발견하는 눈을 뜨기를 바란다. 성적보다, 외모보다, 부보다, 명예보다, 더 귀중한 것들이 있음을 알기를 바란다. 생명을 가진 것만으로도 이미 우리는 모든 것을 가졌다는 깨달음을 얻고 감사가 넘치는 삶을 살기를 바란다.

부모의 소신이 아이의 미래를 행복으로 이끈다

어떠한 가치관을 가지고 돈과 시간을 쓰느냐는 그 사람의 이미지를 결정짓는 중요한 열쇠가 된다. 똑같이 운동에 시간과 돈을 할애한 경우라도 건강을 목적으로 했을 때는 자기관리를 잘한다는 평판을 얻고, 이성친구와의 사귐만을 목적으로 했을 때는 안 좋은 평판을 얻는다. 따라서 아이의 경제교육도 그 목적을 '돈의 가치를 이해하고 돈 관리를 잘하는 것'에만 두어서는 안 된다. 단돈 100원을 쓰더라도 어떠한 가치관을 가지고 사용하는지를 파악하는 것이 중요하다. 다른 사람들을 보살피는 마음을 갖고 자신의 돈과 소유한 작은 것들을 기꺼이 나눌 줄 아는 마음을 갖도록 교육해야 하는 것이다. 그리고 이를 위해서는 무엇보다도 부모의 일관된 가르침이 중요하다.

성공한 사람들의 이야기에 빠지지 않는 것이 일관된 부모의 교육관이다. 소설 《나는 텐프로였다》의 저자 소재원의 아버지는 아들의 꿈을 한 번도 반대하지 않았고 늘 지지해주었다고 한다. 또한 소재원은 일곱 살 때부터 아버지에게 차용증을 썼다고 한다. 단 한 번도 공짜로 돈을 주신 적이 없다는 것이다. 때문에 지우개를 산 돈, 떡볶이를 사 먹은 돈이 모두 아버지에게 진 빚이 되었다고 한다. 이는 세상에 공짜가 없다는 것을 가르치기 위한 아버지의 남다른 교육관이었다.

첼리스트 장한나의 아버지는 장한나가 좋아하는 것을 스스로 선택하게 했다고 한다. 또 열심히 할 수 있도록 대화를 통해 동기부여를 해주었다고 한다. 한번은 한석봉에 관한 책을 읽고 난 뒤 "불을 끄고 연습해보면 어떨까?"라는 제안을 했고, 장한나는 그 제안에 따라 불을 끄고 연습했다. 그렇게 10년이 넘게 연습하면서 장한나는 눈보다 손이 훨씬 정확하다는 것을 깨달았다고 한다. 장한나가 안정된 직장을 갖기 원하는 아버지였다면 장한나 같은 훌륭한 첼리스트는 탄생하지 못했을 것이다.

안철수, 김연아의 부모님도 마찬가지였다. 그분들은 아이에게 사회에서 요구하는 성공의 길이나 안정된 길을 요구하지 않았다. 아이들이 진정한 꿈을 찾는 데 도움을 주었고 아이들의 무한한 가능성을 믿어주었다. 생명, 사람, 자연의 소중함을 알려주었고 모든 것을 사랑의 마음으로 품도록 가르쳤다.

나는 이 책이 자녀의 삶을 행복한 성공으로 이끌어주는 자녀교육의 방향성을 설정하는 데 도움이 되기를 간절히 바란다. 그동안

자녀에 대한 자신의 교육관이 어떠했는지 점검해보고 수정과 삭제
등의 작업을 통해 재정비하는 기회가 되었으면 한다.

시대의 흐름에 휩쓸려 가지 않는 분별과 지혜를 바탕으로 한 부
모의 소신만이 아이에게 진정한 꿈을 설계하게 해주고 아이 스스
로 일어설 수 있는 기회를 제공한다. 올바른 경제관념 또한 갖게
해준다. 눈앞에 닥친 당장의 문제를 돈으로 해결해주는 것보다 가
치 있는 교육이 될 것이다. 눈에 보이는 성공, 남들이 말하는 성공
만을 좇는 삶이 아닌 참된 인생으로, 그리고 그 인생의 승리자로
이끌어줄 원동력이 될 것이다.